海上絲綢之路基本文獻叢書

四譯館增定館則（下）

〔明〕呂維祺 輯

文物出版社

圖書在版編目（CIP）數據

四譯館增定館則．下 /（明）吕維祺輯．-- 北京 ：
文物出版社，2022.6
（海上絲綢之路基本文獻叢書）
ISBN 978-7-5010-7535-5

Ⅰ．①四… Ⅱ．①吕… Ⅲ．①中國歷史－史料－明清
時代 Ⅳ．① K248.06

中國版本圖書館 CIP 數據核字（2022）第 065604 號

海上絲綢之路基本文獻叢書

四譯館增定館則（下）

著　　者：〔明〕吕維祺
策　　划：盛世博閱（北京）文化有限責任公司

封面設計：鞏榮彪
責任編輯：劉永海
責任印製：張道奇

出版發行：文物出版社
社　　址：北京市東城區東直門内北小街 2 號樓
郵　　編：100007
網　　址：http://www.wenwu.com
郵　　箱：web@wenwu.com
經　　銷：新華書店
印　　刷：北京旺都印務有限公司
開　　本：787mm×1092mm　1/16
印　　張：15.25
版　　次：2022 年 6 月第 1 版
印　　次：2022 年 6 月第 1 次印刷
書　　號：ISBN 978-7-5010-7535-5
定　　價：98.00 圓

總緒

海上絲綢之路，一般意義上是指從秦漢至鴉片戰争前中國與世界進行政治、經濟、文化交流的海上通道，主要分爲經由黄海、東海的海路最終抵達日本列島及朝鮮半島的東海航綫和以徐聞、合浦、廣州、泉州爲起點通往東南亞及印度洋地區的南海航綫。

在中國古代文獻中，最早、最詳細記載『海上絲綢之路』航綫的是東漢班固的《漢書·地理志》，詳細記載了西漢黄門譯長率領應募者入海『齎黄金雜繒而往』之事，書中所出現的地理記載與東南亞地區相關，并與實際的地理狀况基本相符。

東漢後，中國進入魏晉南北朝長達三百多年的分裂割據時期，絲路上的交往也走向低谷。這一時期的絲路交往，以法顯的西行最爲著名。法顯作爲從陸路西行到印度，再由海路回國的第一人，根據親身經歷所寫的《佛國記》（又稱《法顯傳》）一書，詳細介紹了古代中亞和印度、巴基斯坦、斯里蘭卡等地的歷史及風土人情，是瞭解和研究海陸絲綢之路的珍貴歷史資料。

隨着隋唐的統一，中國經濟重心的南移，中國與西方交通以海路爲主，海上絲綢之路進入大發展時期。廣州成爲唐朝最大的海外貿易中心，朝廷設立市舶司，專門管理海外貿易。唐代著名的地理學家賈耽（七三〇～八〇五年）的《皇華四達記》記載了從廣州通往阿拉伯地區的海上交通『廣州通夷道』，詳述了從廣州港出發，經越南、馬來半島、蘇門答臘半島至印度、錫蘭，直至波斯灣沿岸各國的航綫及沿途地區的方位、名稱、島礁、山川、民俗等。譯經大師義净西行求法，將沿途見聞寫成著作《大唐西域求法高僧傳》，詳細記載了海上絲綢之路的發展變化，是我們瞭解絲綢之路不可多得的第一手資料。

宋代的造船技術和航海技術顯著提高，指南針廣泛應用於航海，中國商船的遠航能力大大提升。北宋徐兢的《宣和奉使高麗圖經》詳細記述了船舶製造、海洋地理和往來航綫，是研究宋代海外交通史、中朝友好關係史、中朝經濟文化交流史的重要文獻。南宋趙汝適《諸蕃志》記載，南海有五十三個國家和地區與南宋通商貿易，形成了通往日本、高麗、東南亞、印度、波斯、阿拉伯等地的『海上絲綢之路』。宋代爲了加强商貿往來，於北宋神宗元豐三年（一〇八〇年）頒佈了中國歷史上第一部海洋貿易管理條例《廣州市舶條法》，并稱爲宋代貿易管理的制度範本。

元朝在經濟上採用重商主義政策，鼓勵海外貿易，中國與歐洲的聯繫與交往非常頻繁，其中馬可·波羅、伊本·白圖泰等歐洲旅行家來到中國，留下了大量的旅行記，記録元代海上絲綢之路的盛况。元代的汪大淵兩次出海，撰寫出《島夷志略》一書，記録了二百多個國名和地名，其中不少首次見於中國著録，涉及的地理範圍東至菲律賓群島，西至非洲。這些都反映了元朝時中西經濟文化交流的豐富内容。

明、清政府先後多次實施海禁政策，海上絲綢之路的貿易逐漸衰落。但是從明永樂三年至明宣德八年的二十八年裏，鄭和率船隊七下西洋，先後到達的國家多達三十多個，在進行經貿交流的同時，也極大地促進了中外文化的交流，這些都詳見於《西洋蕃國志》《星槎勝覽》《瀛涯勝覽》等典籍中。

關於海上絲綢之路的文獻記述，除上述官員、學者、求法或傳教高僧以及旅行者的著作外，自《漢書》之後，歷代正史大都列有《地理志》《四夷傳》《西域傳》《外國傳》《蠻夷傳》《屬國傳》等篇章，加上唐宋以來衆多的典制類文獻、地方史志文獻，集中反映了歷代王朝對於周邊部族、政權以及西方世界的認識，都是關於海上絲綢之路的原始史料性文獻。

海上絲綢之路概念的形成，經歷了一個演變的過程。十九世紀七十年代德國地理學家費迪南·馮·李希霍芬（Ferdinad Von Richthofen，一八三三～一九〇五），在其《中國：親身旅行和研究成果》第三卷中首次把輸出中國絲綢的東西陸路稱爲『絲綢之路』。有『歐洲漢學泰斗』之稱的法國漢學家沙畹（Édouard Chavannes，一八六五～一九一八），在其一九〇三年著作的《西突厥史料》中提出『絲路有海陸兩道』，蘊涵了海上絲綢之路最初提法。迄今發現最早正式提出『海上絲綢之路』一詞的是日本考古學家三杉隆敏，他在一九六七年出版《中國瓷器之旅：探索海上的絲綢之路》中首次使用『海上絲綢之路』一詞；一九七九年三杉隆敏又出版了《海上絲綢之路》一書，其立意和出發點局限在東西方之間的陶瓷貿易與交流史。

二十世紀八十年代以來，在海外交通史研究中，『海上絲綢之路』一詞逐漸成爲中外學術界廣泛接受的概念。根據姚楠等人研究，饒宗頤先生是華人中最早提出『海上絲綢之路』的人，他的《海道之絲路與昆侖舶》正式提出『海上絲路』的稱謂。選堂先生評價海上絲綢之路是外交、貿易和文化交流作用的通道。此後，大陸學者馮蔚然在一九七八年編寫的《航運史話》中，使用『海上絲綢之路』一詞，這是迄今學界查到的中國大陸最早使用『海上絲綢之路』的人，更多地限於航海活動領域的考察。一九八〇年北京大學陳炎教授提出『海上絲綢之路』研究，并於一九八一年發表《略論海上絲綢之路》一文。他對海上絲綢之路的理解超越以往，且帶有濃厚的愛國主義思想。陳炎教授之後，從事研究海上絲綢之路的學者越來越多，尤其沿海港口城市向聯合國申請海上絲綢之路非物質文化遺産活動，將海上絲綢之路研究推向新高潮。另外，國家把建設『絲綢之路經濟帶』和『二十一世紀海上絲綢之路』作爲對外發展方針，將這一學術課題提升爲國家願景的高度，使海上絲綢之路形成超越學術進入政經層面的熱潮。

與海上絲綢之路學的萬千氣象相對應，海上絲綢之路文獻的整理工作仍顯滯後，遠遠跟不上突飛猛進的研究進展。二〇一八年厦門大學、中山大學等單位聯合發起『海上絲綢之路文獻集成』專案，尚在醞釀當中。我們不揣淺陋，深入調查，廣泛搜集，將有關海上絲綢之路的原始史料文獻和研究文獻，分爲風俗物産、雜史筆記、海防海事、典章檔案等六個類别，彙編成《海上絲綢之路歷史文化叢書》，於二〇二〇年影印出版。此輯面市以來，深受各大圖書館及相關研究者好評。爲讓更多的讀者親近古籍文獻，我們遴選出前編中的菁華，彙編成《海上絲綢之路基本文獻叢書》，以單行本影印出版，以饗讀者，以期爲讀者展現出一幅幅中外經濟文化交流的精美畫卷，爲海上絲綢之路的研究提供歷史借鑒，爲『二十一世紀海上絲綢之路』倡議構想的實踐做好歷史的詮釋和注脚，從而達到『以史爲鑒』『古爲今用』的目的。

凡例

一、本編注重史料的珍稀性，從《海上絲綢之路歷史文化叢書》中遴選出菁華，擬出版百册單行本。

二、本編所選之文獻，其編纂的年代下限至一九四九年。

三、本編排序無嚴格定式，所選之文獻篇幅以二百餘頁爲宜，以便讀者閱讀使用。

四、本編所選文獻，每種前皆注明版本、著者。

五、本編文獻皆爲影印，原始文本掃描之後經過修復處理，仍存原式，少數文獻由於原始底本欠佳，略有模糊之處，不影響閱讀使用。

六、本編原始底本非一時一地之出版物，原書裝幀、開本多有不同，本書彙編之後，統一爲十六開右翻本。

目録

四譯館增定館則（下）

四譯館增定館則（下）

卷十三至卷二十

〔明〕吕維祺 輯 〔清〕曹溶 錢綎 輯
〔清〕許三禮 霍維翰 增輯

明崇禎刻清康熙袁懋德重修本

增定館則卷之十三

天中呂維祺介孺編輯

臨川章光岳仲山

東楚解學龍言卿仝訂

文史

題奏類二

起送考糧題稿

禮部題爲習學三年已滿懇恩起送考糧事

儀制清吏司案呈准翰林院手本據提督四

彝館太僕寺卿仍管太常寺少卿事趙標等
呈送韃靼等館教師署正等官林洲等各呈
稱查勘過韃靼等館譯字生王子龍等俱於
萬曆三十二年六月二十四日蒙禮部考中
二十七日題奉
欽依送館作養於三十四年二月內恭遇
恩詔優免四箇月扣至三十五年正月二十七日
止連閏并
恩免共習學過三十六箇月三年已滿例應起送

會考食糧中間并無那減年月日時等項情
弊今將查勘過各生習學緣由并不扶結狀
理合呈覆等因并將各生年貌籍貫開送前
來呈閣送院奉此擬合起送查照呈堂題
請會考食糧施行等因到司查得本部於萬曆三
十二年六月內考選得世業子弟王子龍等
九十四名照各館事務繁簡分派名數送翰
林院轉發四彛館作養去後又查得嘉靖四
十五年二月內該本部題議得內一欵慎考

較查得舊例考選入舘之後提督官四季考
試習學三年會同六部都察院堂上官翰林
院掌印官於
午門內會考御史二員監試其中式者月給米
一石初試不中者有再試三試之例及查嘉
靖元年屢經本部題
准各館官生中有愚頑不學屢考無成若容再試
終於無用今後習學三年不中者徑黜爲民
六年冠帶不中者給以冠帶榮身九年授職

不中者即以應得原職俱各回籍閑住令該
收考相應通查議處至於三年會考照例食
糧其三年考不中者姑重加責治容再習學
又三年不中者黜退爲民又一欵查實歷查
得在館各生有怠惰托避者率多告病給假
及會考之期輒行告補甚非事體今後合無
臨及三年會考須要查筭在館日期有無虛
曠若無故曠至三箇月之上令補足日期方
許送考其丁憂起復事出不幸者往時亦嘗

奏乞搭在
廷試歲貢中同考皆已准行然據考課責實之
意似亦未當今後俱合扣筭三十六箇月爲
滿如未滿數者通不准等因節奉
世宗皇帝聖旨依議行欽此又查得萬曆三十四
年二月內
恩詔一欵四彝館譯字生亦優免四箇月欽此俱
欽遵外今該前因通查案呈到部看得翰林
院開送四夷館韃靼等館譯字生王子龍等

三十二名俱於萬曆三十一年六月內送館
扣至三十五年正月連閏并
恩免四個月俱習譯三年已滿例應會官考試食
糧一節合照先年事例引赴
午門裏聽翰林院出題會同六部并都察院堂
上官翰林院掌印官及諳曉譯字官考試合
用監察御史二員監試錦衣衛量撥官較看
守試畢將考試過等第緣由另行奏
請定奪等因奉

聖旨是欽此欽遵除䟽内韓艮議劉天錫方大器
郭志隆錢耀然各丁憂王道興臨時患病外
今將現在王子龍等五十七名引赴
午門裏除吏部左侍郎楊　刑部右侍郎沈
各公務不到翰林院掌印官見缺外臣謹會
同大學士朱　李　及戶部等衙門尚書等
官趙　臣等公同嚴加考試得王子龍等五十
名譯業精通合無准送翰林院照依先年題
准事例月給米一石仍舊在館習學辦事鄭世選

等七名譯業粗通姑准送館習學候二[illegible]
月册試查得各生參習學過七箇月已後參
習補二年零五箇月連前扣筭[illegible]一年滿日參
今再試通候
命下欽遵施行等因萬曆三十五年八月十二日
禮部等衙門署部事左侍郎兼翰林院侍讀
學士等官楊　等會題十六日奉
聖旨是欽此

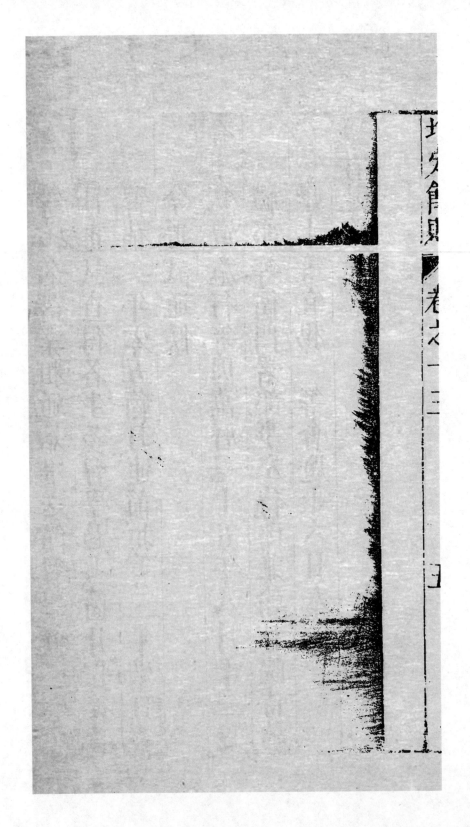

搭考食糧題稿

禮部題爲比例懇恩搭考食糧事儀制清吏
司案呈准翰林院手本開稱四夷館寫
鴻臚寺主簿樊于陛呈送韃靼等館教師署
正林洲等關稱韃靼等館譯字生馬尚禮等
俱于萬曆三十六年六月二十四日蒙禮部
考中二十七日題奉
欽依送館作養三十四年二月內恭遇
恩詔優免四箇月例應扣滿三年會考食糧但查

得馬尚禮陳光復陳光顯張承爵邦至三十
七年五月初二日連閏并恩免三年期滿袁
承恩唐虞際三十七年五月十五日三年期
滿辛垣陸光先陸光元陸光代李如梓五月
十七日三年期滿李宜六月二十日滿楊餘
洪七月初三日滿穆世登七月十七日滿魯
可道七月二十四日滿周道臣黃維先八月
十一日滿方大受方大李八月二十八日滿
趙耀祖邦至三十八年二月二十日三年期

滿方該揭考今滿
廷試在邇誠恐臨期並誤不便遲請會[illegible]
四年八月內禮部題
准韃靼館譯字生裴文光等習學未滿三年[illegible]
令揭考仍候滿月方許食糧事例相同中[illegible]
並無別項遺礙等項情弊等因到院據此[illegible]
行翹送查照揭考施行等因到司准此查得
萬曆三十一年五月內該大學士沈一貫等
題為譯學缺人懇乞照例題請收取以永傳

習事該本部覆奏

欽依考選得世業子弟馬尚禮等九十四名照各

館事務繁簡分派名數送翰林院轉發四彝

館作養去後又查得儀司職掌薛恭等五名

各因丁憂服闋復館習業未及三年乞要搭

考等因該本部覆題奉

武宗皇帝聖旨是這五名准搭考還待三年滿日

食糧欽此又查得隆慶四年八月內該翰林

院手本開送韃靼等館譯字生叢文光等告退

若各因丁憂服闋復館習業未及三年者
搭在
廷試歲貢生員中考試該本部查例覆題奉
穆宗皇帝聖旨是欽此又查得萬曆三十四年三
月內
恩詔一款四夷館譯字生亦優免四箇月欽此俱
欽遵外今該前因通查案呈到部看得翰林
院開送四夷館韃靼等館譯字生馬尚禮等
二十名習業未及三年乞要比照先年事例

搭考滿日方許食糧一節爲照譯字生例應三年滿日方准收考今各生俱因丁憂服闋未過正考今若不准考試誠恐

廷試已過難便題請既經翰林院開送前來又經該司查有薛基叢文光等搭考事例相應

題請合于

廷試歲貢生員之日將馬尚禮等二十名爾容詣考藝業果否中式査照本部節年題准事例施行如果中式仍候年足三年[illegible]

僉纂恭候

欽[illegible]將各本一一送付翰林院　請閣遵守[illegible]

行奏請定奪奉

聖旨是

萬曆三十七年三月

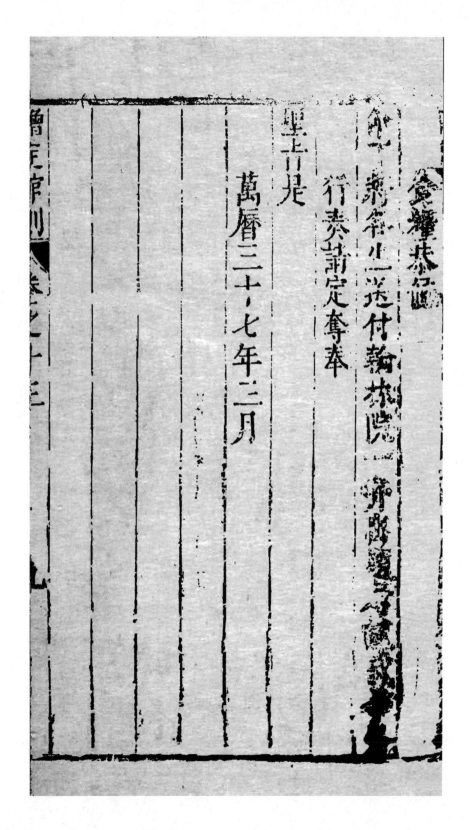

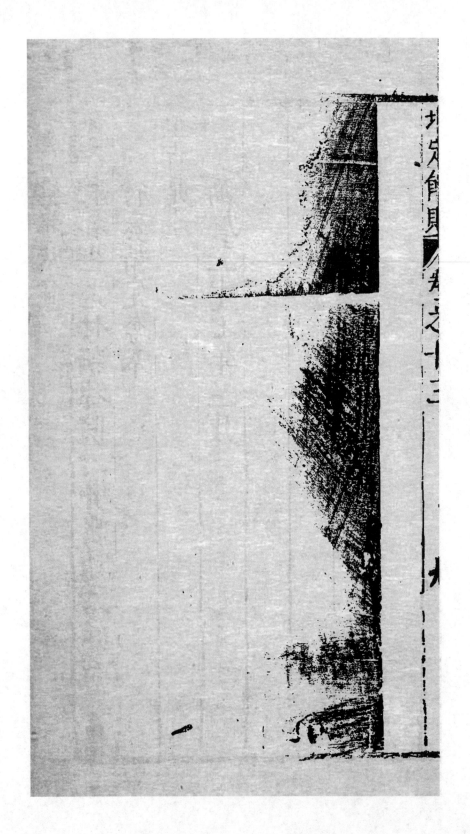

會考冠帶題稿

禮部署部事右侍郎吳道南謹

題爲習學六年已滿懇恩起送會考冠帶事儀

制清吏司案呈准翰林院手本開稱奉

中堂批據四夷館食糧譯字生李茂春等呈稱

於萬曆三十二年六月二十七日蒙禮部題

奉

欽依考中馬尚禮等九十四名送館作養嗣於三

十五年正月二十七日弁

恩免連閏共習學過三十六箇月三年已滿起送
到部候考食糧適逢會殿又值部缺大堂候
至八月十一日會考已蒙取中王子龍等五
十名譯業精通堪以食糧辦事鄭世選等七
名譯業粗通仍令回館習學三年再試又查
得各生扣自本年正月起多習學過七箇月
零以後再習補二年零五箇月連前扣筭三
年許令再試等因題奉
聖旨是欽此欽遵外茂春等今又扣算至三十七

年十二月二十七日止連閏又習學三十六
箇月六年期滿例應起送會考冠帶鄭世選
等七名同館習學亦滿三十六箇月例應搭
考食糧其陸續起復到館譯字生韓良議等
五名皆習學三年過期已久例應補考食糧
其習學多過月日比照王子龍等事例一體
扣算實歷其食糧譯字生王子龍今奉差喜
峰口已經吏部題
請給與冠帶准作實歷免其赴考所有應得柴薪

同衆一體開支中間并無那減年月日期等
情呈閣到院送司到部看得翰林院開送四
彝館食糧譯字生李茂春等四十五名先習
學三年已滿内多習學過七箇月會考譯業
精通堪以食糧辦事今補二年零五箇月共
三十六箇月三年已滿通前共六年已滿例
該會考冠帶鄭桓選等七名先習學三年已
滿内多習學過七箇月會考譯業粗通姑准
進館習學候三年滿日再試今補二年零五

餘月共三十六箇月三年已滿通前共六年
已滿例該起送會考食糧韓良議等五名先
習學二年已滿起送會考間因各丁憂未考
今各服滿復館肄業各多習學過月日比照
王子龍等事例一體扣算實歷例該起送會
考食糧王子龍一名奉差喜峯口已經吏部
題
議給與冠帶准作實歷免其赴考所有應得柴薪
同衆一體開支各一節除王子龍奉差免考

外其李茂春等俱各遵照見年事例將各生
引赴
午門裏聽翰林院出題會同六部幷都察院堂
上官翰林院掌印官及取諳曉譯字官員考
試合用監察御史二員監試錦衣衛量撥官
校看守試畢將考過等第緣由另行奏
請定奪緣係六年已滿懇恩起送會考冠帶事理
臣等未敢擅便開坐謹題
靖三十八年二月初二日具題初五日奉

□□隨該禮部會同大學士李　紱　欽

吏部等衙門右侍郎兼翰林院侍讀學士臣□

等公同嚴加考試考得西番等館食糧譯

字生唐尚忠等三十九名譯業精通合照定

年題

准事例送吏部冠帶作譯字官仍月給米一石照

例給與應得柴薪照舊送館辦事女真等館

吳振芳等五名先考譯業粗通今考譯業精

通月給米一石在館習業其丁憂服滿劉天

錫五名譯業精通月給米一石仍在館肄業
其食糧譯字生今考中冠帶唐尚忠等弁先
考不中回館習學今考中食糧譯字生吳振
芳等服滿補考今考中食糧譯字生劉天錫
等各多習學過月日該館照例連前扣算三
年滿月再試譯業粗通劉尚賓等二名姑留
送習學三年再試通候
聖旨下欽遵施行
萬曆二十八年六月十六日題二十日奉

雍正六年八月二十五日該吏部題覆奉

聖旨是

內閣題增設暹羅館疏

大學士張居正等題為敷陳開館末議以解

同文

盛治事據提督四彝館太常寺少卿蕭廩呈前事

奉

內閣發下禮部手本為進

貢事內開暹羅國王近年屢差進貢所有金

表文無從審譯看得翰林院四彝館原設

有暹羅一館已經題奉

欽依行今該國起送通曉番字人員前來[illegible]
據廣東布政司查取彝使握悶辣[illegible]
送到部題
准將握悶辣等三員送翰林院開館教[illegible]
因到館竊照暹羅遠在海南實古赤土之地
由周室而後久爲正朔不加之區[illegible]
朝聲教遠暨時一來于茲者
聖明治化隆洽乃數入貢所據專差彝使來京[illegible]
頒同文增設譯館教習誠爲盛典然開館[illegible]

譯必有居業之所則館舍當建必有受業者
人則館生當選必有供食之費則館舍當蓋
爲此條列未議呈乞題
請施行
一建館舍看得本館原設八館分列東西後至
正德年間增設八百一館比因地方狹隘遂
建在本館東北大門之内今欲再闢一館更
無空地及查舊制彝使遠來教譯工部給與
官房在坐今來使已有三員從人又不下數

名所有學館任房迺各議建緣外彝初入
京師籍以傳習尚當不廢關防若使館舍隔遠竊
恐關防未便如蒙題行工部委官看估就於
本館之西接連回回館地方兑易官地起蓋
暹羅館一所幷造彝居一所於教習關防斯
為兩便
一備館生審得正德八年因八百老撾等處言
語失傳該內閣題請暫留差來頭目開館教
習將各館官下世業子弟幷見在人等

子弟選撥傳習今審九館見在官生通止五十餘員名比之舊額僅及其半其年少者亦既三十之上難復責令攻業如蒙題行禮部查酌先年節行事例收選各館官下世業子弟十五六歲以上二十歲以下資質通敏者十數名送館教習庶人有奮心教爲易入學非過時業亦易成再照九館官見數既少衰老居多將來衰者日老壯者日衰收選無期絕學可慮內如回回館貢使頗繁文字難譯

先年嘗令代譯暹羅諸國表文今止見官四員韃靼館歲有差遣亦止見官八員其他如女直等館多者或八九員或五六員更無後學之士少者如八百百彝館各止三員常懷絕乏之虞如蒙酌量繁簡各選收世業子弟數名分館一體教習足儲將來之用

一益館資查得本館每年順天府宛大二縣解紙筆等銀約二百四十餘兩館前小房收稅約四十餘兩稅收或不及數而州縣申解亦

不及期甚至有拖欠數年不解如宛平縣者
故先年將直堂皂隸支價充用近因各館多
授官職給散已爲不足今增一館師生公費
更爲短少除該館棹櫈器皿候工部置給師
生飯食柴炭聽光祿寺照給外所有紙筆硃
墨各項似應議處加增庶公費不乏等因到
閣臣等看得暹羅開館事係創始諸凡選擇
生徒修建館舍等項委宜酌定成規以便遵
守今據提督四彝館太常寺少卿蕭廩所呈

條議詳悉合無

勅下禮部查照所議酌量上

請發付該館遵行緣係敷陳開館未議以昭同文

盛治事理臣等未敢擅便謹題請

旨奉

聖旨禮部知道欽此

緬甸題繼習譯業稿

大學士申時行等題爲繼習譯業事據提督

四譯館大常寺少卿秦　呈據回回館教

師序班邵洨明呈稱緬甸館已故協教序班

夏鳳朝男夏繼恩告稱比例譯業等因查得

嘉靖十一等年韃靼館教師署丞楊廸男楊

松署正馬廷禎男馬鑰俱各比例入館肄業

今協教序班夏鳳朝病故伊男夏繼恩所告

與例相合等因具呈到

閣臣等考得叟繼恩番譯亦通堪以作養伏乞
勑下禮部查照楊松等事例准送翰林院四夷館
作養等因萬曆十二年十月十三日奉
神宗皇帝聖旨禮部知道欽此禮部覆行繼習[illegible]

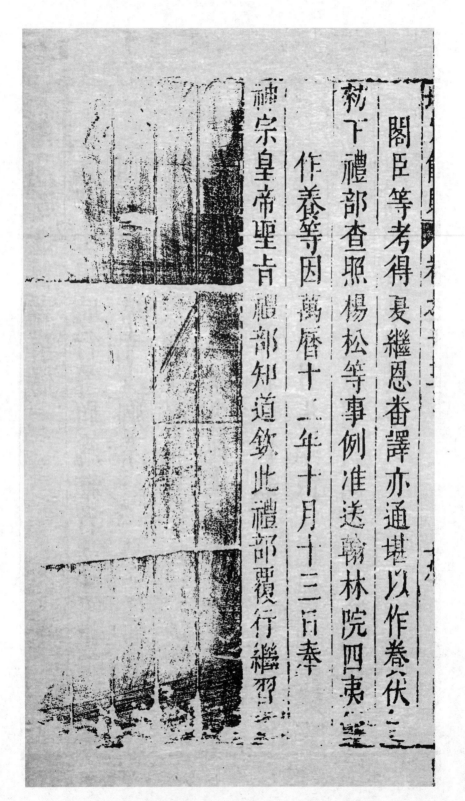

內閣題補謄錄玉牒稿
東閣大學士禮部尚書方　等謹
題爲公務事照得
誥勅房專管文官
誥勅自大理寺寺副周廷臣鮑佑馬應坤各題補
誥勅房辦事去訖其
誥勅房一向鈌員查得
起居注館詹事府主簿成九臯資深堪補
誥勅房辦事遺下

起居注館事務亦屬缺員查得翰林院四彝館教
師鴻臚寺序班邵前勳田隹璧寫字端楷堪
補
起居注館謄錄
玉牒合候
命下行令各欽遵供事臣等未敢擅便謹題請
旨
萬曆四十三年六月十九日奉
聖旨是

內閣題優免商役稿

內閣大學士施　等

題爲申明優免之

旨以杜朦報事臣等在閣辦事據翰林院提督四彛館太常寺少卿朱大啓呈稱有八百館譯字生張應乾被仇朦報兵部柴炭商役呈乞查照館則內一款先年譯字生吳應登優免事例照例豁免等情又據本閣寫本効勞吏周應選呈稱選朝夕在閣書寫本章及一應

典禮文書今被仇商將選提名周蕳明謄報

兵部柴炭商役乞照

題准優免劉進賢事例除豁等情各到閣據此

臣等查得天啓四年七月三十日

實録館所副劉進賢被仇提名劉三報充兵部柴

炭商役具題優免八月初一日奉

熹宗悊皇帝聖旨覽卿等奏內開併供事員役

照例優免不得擅名僉報商役以滋紛擾

進賢釋放該衙門知道欽此臣等查得[illegible]

乾在館譯寫番文係奉
旨作養子弟周應選書寫本章係在閣辦事勞久[illegible]
正
明旨所謂例當優免者也茲或以本名以揑名各[illegible]
紛紛朦報優免之
旨謂何似非政體臣等謹再為申明伏乞
勅下該衙門將張應乾周應選照例優免以後館
閣員役不得挾仇揑報以信從前
嚴旨庶館閣人員得以安心供事而臣等亦免於

屢瀆宸嚴矣臣等未敢擅便謹題請

旨奉

聖旨覽卿等奏館閣人員各有事務豈得僉報致

妨職業張應乾與揑名周簡明准照例豁免

以後館閣員役不許挾仇揑報該衙門知道

請給關防疏稿

翰林院提督四譯館太常寺少卿臣傅好禮

爲請給關防以便查覆事竊念

國家之設官分職或置印信或給關防所以別眞僞而便稽查漏使有罰假刻有例法至嚴也上自部院司府下至州縣倉廵未見設有無印之官即今提督四譯館則是有官而無印者請爲

皇上言之臣以太僕寺少卿改補太常寺少卿提

督四彝館事蒞任以來考詢職掌譯字官三
六九年給由則有
內閣之申呈月試季考十館譯字生則有彌封
之試卷下州縣催取紙筆等件則有往來之
文移行光祿寺取用米鹽等物則有關支之
手本俱是白頭空文並無印信鈐押臣竊思
之四彝館雖號閒局無事與各衙門亦有事
體干涉使終無印信以爲關防則文移之眞
僞混淆而無由辨別往來之奸計漸生而何

所稽查上下不相信爭彼此互生猜疑將來之弊有莫可詰者況設官而弗給印信何爲建官且有衙門而無關防誠爲缺典臣是以昌昧上陳懇請

皇上給賜伏乞

勑下禮部查覆如果臣言匪謬鑄給翰林院提督四譯館關防一顆令臣執掌則官非虛設而事有稽察矣奉

聖旨禮部知道欽此隨該本部題請相應鑄給所

有關防字樣伏乞

聖明欽定奉

聖旨與做提督四彝館關防

萬曆二十六年六月十一日

喜峯口差遣題稿

吏部爲差滿請官更替事文選清吏司案呈准翰林院手本開稱據四彛館提督卿趙等呈送准禮部儀制清吏司手本奉本部送准順天巡撫劉四科咨稱喜峯口關驗放來人主簿成九皐任滿回京另請差官更替等情到部送司已經行文四彛館將在館譯字官內考選得署正林洲諳曉番文堪行差委隨據本官懇辭不能前去等情據此看得本

官既辭而本館再無別官可委今選得譯字
生王子龍年二十二歲直隸永平府昌黎縣
人譯業精熟會考居首合酌量暫給冠帶差
往大喜峯口驗放彝人候差滿日另行定奪
又據王子龍呈稱在館習學諸生至三十七
年冬食糧限滿起送
廷試實授冠帶給與柴薪充譯字官本生遠役
邊方滿同歲月不能回京赴考伏乞俯憐遠
役食糧首卷臨時准作考稱所有冠帶與同

實授柴薪一體開支明白移文僃例在卷以
便題
請庶不因差在邊轉成躭閣等情到院看得本生
奉差在外舊例三年方准更替苐明歲會考
食糧冠帶不能赴京
廷試呈乞一體題序准作實授冠帶相應准從
等因到司案呈到部看得譯字生王子龍所
稱緣由既經翰林院依准前來相應題
請恭候

命下將王子龍給與冠帶准作實歷明年冬免其
考試照例給與應得柴薪遵照施行等因具
題奉
聖旨是
萬曆三十六年二月　日

翰林院提督四彝館太常寺卿管少卿事臣
呂維祺等謹
題爲糾劾逃曠屬官以肅官箴事臣竊惟邇來
紀綱日弛人心滋玩即如臣衙門夙稱閒散
往往視其官如傳舍臣謂
皇上方宵旰圖治課吏精嚴豈臣下可曠瘝職業
虛糜廩餼況臣衙門即古象胥氏於以宣同
文之化俾重譯來王秩至清任綦重也以故
約諸官生申之以舊章嚴之以訓廸勞怨不

避庶其漸就繩墨乃有久逃曠職屢限不至如西番館辦事鴻臚寺主簿田卽心者尚可容其濫竽耗俸乎卽心向來委管承行文移帶支經費忽於昨年八月內棄官逃去據伊子田在易禀稱本官家貧債累甚多恐人逼討臣細訪有謂本官立同官文約以同官柴價執當揭債者有謂本官與譯字生乾没各生酒米柴價恐事露先逃者臣以地冷官閑姑令立限就職而本官之去蹤杳然矣臣隨

即移文光祿寺等衙門停支本官俸廩業擬具疏參糾而伊子在易投禀一紙內云易父不幸奔走他方今歲正月初二日有原籍族孫來京方知父在眞定府饒陽縣潛居染病不能動履望准寬限等情臣復准令寬限投見而又越兩月餘杳然如故此一官者素行既多物議久逃尤干法紀於官常爲尸曠於廩餼爲耗蠹所當照不謹例冠帶閑住以儆曠職者也又查得回回館辦事鴻臚寺主簿

李允登亦於昨年八月以後並未進署正月
間始具呈投見禀稱因胞弟允科債目貽累
投宿寺廟染病三月等念其逃避有因投見
卽到合無量許策勵供職仍罰俸薪飯食半
年以儆玩惰此外官生有玩愒惰窳虛糜大
官者臣等當徑行該管衙門住支非獨肅官
常嚴訓規抑以爲
朝廷省無益之耗孔然不敢一一煩
天聽也伏祈

皇上勅下吏部議覆施行崇禎二年三月初十日

具

題十三日奉

聖旨吏部知道

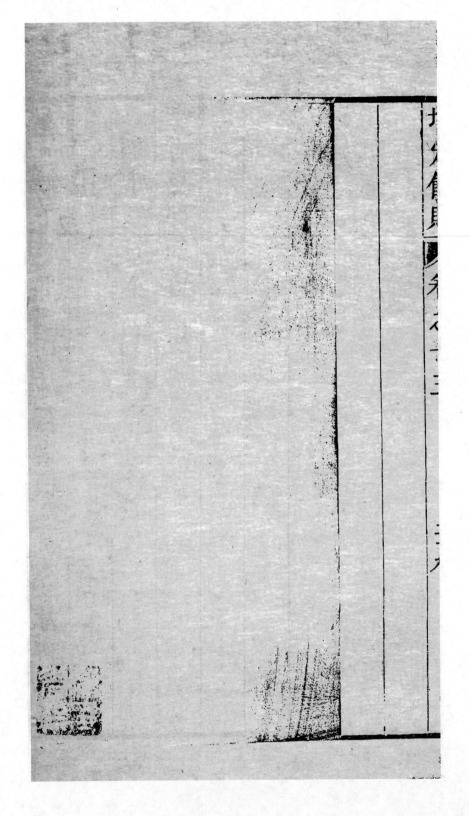

增定館則卷之十四

天中呂維祺介孺編輯
臨川章光岳仲山
東楚解學龍言卿　仝訂

文史

公移類

會考食糧

翰林院爲照例起送會考食糧事准禮部儀制清吏司手本奉本部連送該本部會題

本司案呈行准翰林院手本開稱四彝館韃靼等九館譯字生除給假丁憂事故問華等項不開外見在肄業譯字生叢德等七十五名監生曹金等五名俱於嘉靖十六年五月二十日到館習譯三年已滿例該會考食糧等因到司查得嘉靖十六年五月内該大學士李　等題稱四彝館自正德四年選取子弟一百七名在館習學令經三十年中間事故更遷不一見今止

有教師數名譯字生二名若不預爲收養
誠恐世業無傳番文遺脫乞要將在京世
業及軍民俊秀子弟與監生通共考選一
百二十名分送各館習學其食糧冠帶授
職等項悉照先年題
准事例施行等因奉
聖旨是禮部知道欽此該本部考選得監生王世
業等十四名世業子弟福守仁等九名軍
民子弟朱光祖等九十七名俱年貌相應

人物俊秀題奉
欽依送翰林院分撥各館肄業去後又查得先年
節該本部題
准事例譯字生習學三年後本部會官考試中者
作食糧子弟月給米一石不中者許過三
年再試再試不中者許過六年三試三試
不中者黜退爲民中者照例食糧又查得
嘉靖元年八月内該本部覆題爲嚴規制
以成譯學事議得各館官生凡送考食糧

等項不中俱有再試之例但中間委有
願不學屢考無成仍容再試終於無用合
無今後習學三年不中者徑黜爲民其有
資禀年歲相應量終有成者聽翰林院酌
量方許再試等因題奉
聖旨是准議欽此俱欽遵外今該前因通查案呈
到部看得翰林院開送四彝館韃靼等館
譯字生叢德等監生曹金等共八十名俱
於嘉靖十六年五月內送館習譯三年已

滿例該會官考試食糧一節合照先年事
例引赴
午門裏翰林院出題會同各部并都察院堂上
官及諳曉彝字官員考試合用監察御史
二員監試錦衣衛量撥官校看守試畢將
考試過等第緣由另行奏請　定奪等因
題奉
聖旨是欽此欽遵會考間續於禮科抄出少保兼
太子太保禮部尚書武英殿大學士掌部事

事嚴　題爲考試譯學應究
[illegible]查華先年夤緣奸弊以正國法以清仕途事內
開臣於近日訪得數內郭元梓鄭元材曹
金田蘐王詔蔣緝喻承恩張述郭瀚朱光
祖李宏陳櫆張宗召潘應劉鑰龐棟俞縉
戴鏞韓景隆翟廷相蔡廷相陸九思柴可
禎柴志學委係京師富商巨室先年鑽刺
夤緣玷汚名器乞將郭元梓等二十四名
不許與考徑自黜革爲民其外各生尙多

宦家子弟比之商賈雖若有間大抵屢經
論議若再留之終於事體有礙合無盡數
黜革以正士風惟復嚴加考試其譯字生
諺者照例革退爲民或業有頗通量爲留
用十數名以充任使等因奉
聖旨覽卿奏朕具悉郭元梓等二十四名納賄賣
緣情實可惡本當究治姑從輕都革了役著爲
民其餘嚴加考試務要譯業精通長爲留用該
衙門知道欽此抄出到部除欽遵將郭元梓等

二十三名并未經起送郭瀚一名俱華役
爲民及楊蓉馬鋭劉汝勤臨考不到外今
將見在叢德等五十四名引赴
午門裏考試除大學士嚴　具題廻避外臣汝
驥會同大學士翟　及吏部尚書許　等
公同嚴加考試内除西番館譯字生一名
張麒失落題紙已該監試御史石永等衆
覔外考得靖九經等十五名譯業精通合
無准送翰林院照依先次題

准事例月給米一石仍舊在館習學辦事貢持閔
等十五名譯業粗通資禀年歲尚堪策勵
姑准送館習學不許食糧俟三年滿日另
行再試劉承祖等二十三名譯字差謬習
學無成照例革退爲民其楊蓉馬銑劉汝
勤臨考不到顯是畏避考試亦合革役爲
民通俟
命下欽遵施行等因嘉靖二十一年十二月初四
日本部等衙門右侍郎等官馬　等會題

本月初六日奉

聖旨是欽此欽遵擬合通行爲此合連送該司即

行該衙門欽遵施行連送到司依奉合用

手本前去翰林院煩爲轉行該館一體欽

遵查照施行等因准此擬合就行爲此合

帖本館即將考中譯業精通准收食糧譯

字生靖九經等備造年甲文冊送院以憑

開支糧石行令在館習學辦事其譯業稍

通貢持國等一十五名姑准送館習學候

三年滿日再試其餘譯字差謬并臨考不

到等項俱革退為民俱毋違錯須至帖者

嘉靖二十一年十二月十六日

搭考授職

翰林院四彝館爲習學九年將滿懇恩比例預期起送以便搭考授職事據西番館教師署正等官唐璋林洲陞惟康李溥明劉佐樊于陛等呈稱查勘過西番等館譯字官唐尚忠等三十一員俱于萬曆三十二年六月二十四日蒙禮部考中譯字生題

奉

欽依二十七日送館作養至三十五年五月二十

七日連閏并恩免共習學三年起送到部
候考食糧候至八月内會考中食糧辦事
考前多習學過月日題
准作食糧實歷至三十七年十二月二十七日又
食糧辦事三年通前共六年起送到部候
考冠帶候至三十八年六月内會考中譯
字官考前多習學過月日亦題
准作冠帶實歷咨送吏部蒙吏部於八月内覆題
譯字官照舊送館辦事扣至四十年十一

月二十七日通前共歷九年期滿例應送
考授職查得吏部職掌內一欵譯字官有
將近九年先期告搭歲貢考試者一體收
考考中者候滿日送部具題授職題奉
欽依以後俱照此例搭考欽此又查得萬曆六年
譯字官唐璋等十八年譯字官樊于陛等
俱未滿九年蒙題　准先期搭考滿日授
職忠等九年將滿查與例相同若候滿日
具呈時値大計事務殷鉅勢難並舉懇恩

照例預期起送于
廷試歲貢之日搭考滿日授職庶會考不致有再
舉之煩而忠等亦無過期之嗟矣等因到
館據此勘過譯字官未滿九年搭考授職
原有舊例似應俯從中間並無那減年月
日期等情今將查勘過前項緣由並各官
不扶結狀理合呈覆施行等因到館據此
先據譯字官具呈前事猶恐不的已經批
行該館查勘去後今據各館教師署正等

官唐璋等復查所比前例相同中間並無

別故今忠等委與前例相合似應照例俯

准搭考滿日授職擬合就行爲此今將查

勘過各官年甲籍貫履歷緣由理合呈送

伏乞

裁奪施行

查得館則一款十人以上會考十人以下

搭考是舉也人數溢額似爲破格但據各

官屢禀若候滿日具呈時值大計纔以

殿試必難會官勢必至于五月間終歸搭考虛延
半載餘不得與食糧冠帶者通筭實歷又
查吏部職掌内一欵譯字官有將近九年
先期告搭歲貢考試者一體收考爲此不
拘人數之多准附搭考之例然此例相沿
不已則會考之規廢矣嗣後非遇大計之
年不得援此爲例

萬曆四十年四月　日

起送内閣

提督少卿鄭　爲傳奉事於本月二十五日

奉　中堂票爲傳奉

聖旨重錄

寶訓實錄書帙浩繁謄錄缺人合將四譯館譯字

官員即於一二日內從公考選字畫端楷

堪充謄錄者十數員并將原卷封記送

閣再行面試以憑題

請等因到館奉此隨即當堂出題嚴加考試得序

班劉佐等一十五員字畫端楷堪充謄錄
職未敢擅便理合呈送伏乞
裁奪施行
計開
劉佐　林如梓　鮑佑　郭安民
鄭崇光　鮑存仁　陸能康　周林
單禮　周廷臣　李有芳　馬應坤
唐璋　郭時春　叢文光
萬曆二十四年四月二十六日

本館選擇

提督少卿洪　爲公務事准典籍廳手本

開稱奉

中堂諭

起居注館辦事大理寺寺副周廷臣中書舍

人馬應坤已經取補

誥勑房供事遺下員缺應于四譯館官内選

取二員等因奉此隨選得光祿寺署正劉

登瀛詹事府主簿成九皋二員小心勤慎

堪送供事理合呈送伏乞

裁奪施行

萬曆三十九年九月　日

提督少卿王　爲公務事准

內閣典籍廳手本　開稱奉

中堂傳諭

誥勑房缺寫

誥勑官員合將四夷館譯字官內取二員在

於

誥勑房常川辦事合用手本前去煩爲查照
後開官一員送用施行等因到館准此遵
將譯字官馬尚禮呈送
誥勑房辦事伏乞
裁奪施行
計呈送
譯字官一員馬尚禮
萬曆四十一年九月二十三日
翰林院四彝館　　廳爲公務事奉

内開典籍廳手本開稱奉

中堂諭

誥勅房缺官謄寫文官

誥勅合於四彜館譯字官内取用一員常川

在房辦事奉此合用手本前去四夷館

廳查照後開姓名送用施行等因到廳

奉此即遵來文内開譯字官馬鍵呈送

誥勅房辦事理合具呈伏乞

鑒照施行

計呈送

譯字官一員馬鏈

萬曆四十二年三月十九日

提督少卿史　爲季考薦舉人材事職考得

一等官生張邦經唐尚忠等二十一員名

精通楷書堪以策勵理合呈送以備採用

伏乞

上裁施行

計開

張邦經　唐尚忠　田隹璧　周大成

楊餘洪　張承爵　周國興　王世美

王　讚　周承禹　王子龍　袁承恩

邵樹德　鄭世選　黄維先　唐[illegible]

方大器　劉[illegible]德　李時芳　方大本

邵前勳

萬曆四十三年二月二十六日

提督少卿史　准

内閣典籍廳手本開稱奉

中堂批准提督四夷館少卿𢎞　考[illegible]

官生取周十員名在

史館供事候補謄錄奉此合用手本前去煩

為查照後開官生送用施行等因准此遵

奉

中堂批准取用官生職名理合呈送伏乞

查照施行

計開呈送官生十員名

張邦經　唐尚忠　鄭世選　周大成

楊餘洪　張承爵　周國興　王世美

王讃　周承禹

萬曆四十三年三月初四日

翰林院四彝館委官廳爲謄錄事本年二月

十五日奉

内閣典籍廳手本開稱奉

中堂諭

史館謄錄官唐尚忠丁憂合於原准[illegible]

班辛于龍朱承恩[illegible]樹德三員内[illegible]

用一員頂補奉此合用手本前去四夷館

委官廳查照送用施行等因奉此今將序

班袁承恩邵樹德二員遵奉在館候取

隨將序班王子龍理合呈送

內閣應用施行

計開

補缺序班一員王子龍

候補序班二員袁承恩　邵樹德

萬曆四十三年六月十八日

翰林院提督四譯館為循例薦舉人材事照得本館舊例有季考有歲叅每年終考驗官生賢否勤惰及譯學高下分為等第具

上者薦送

内閣以備取用其下者酌量罰治相沿已久邇來不無廢閣人無勸懲惰廢日滋本館兢兢修舉舊制除曠廢懲治另行題叅外今於本年二月内考試得西天館教師尚寶司卿等官龔燦等譯字真楷學行素優

且督理修館効有勤勞而素誼爲衆推服
相應薦送又考得一等譯字生周人瑞等
譯學明通字畫端正亦應薦送謹照萬曆
二十四年前任少卿鄭　薦送劉佐等
十五員名四十三年前任少卿史　薦
送張邦經等二十一員名天啓元年前任
少卿董　薦送朱國詔等十二員名事
例開名薦舉以備
內閣不時取用之需該本職未敢擅便然惟

中堂裁奪施行爲此具呈須至呈者

計開

考取一等教師四員

西天館教師尚寶司卿龔　燦

女直館教師鴻臚寺主簿王文光

暹羅館教師鴻臚寺主簿李榮春

韃靼館教師鴻臚寺主簿穆世登

考取一等譯字官二員

西天館譯字官楊四端

韃靼館譯字官劉啟澤
考取一等譯字生七名
女直館譯字生周人瑞
西番館譯字生朱鼎新
暹羅館譯字生李正芳
韃靼館譯字生馬士秀
暹羅館譯字生李作衡
韃靼館譯字生劉天申
暹羅館譯字生袁宗德

崇禎三年三月　日提督卿呂

少卿解

支糧厫口

翰林院爲舊規厫口更張懇恩移文以永遵

守以正體統事奉

中堂批據四譯館食糧譯字生王子龍等呈

稱於三十五年蒙禮部題奉

欽依取中龍等五十名食糧辦事蒙移文戸部開

支迄今三十六年春已支過地字厫糧五

季不意于本月十六日赴倉支夏季糧石

而即春季經管主政潘倏爾批票玄字厫

口各生惟體統是惜遂掣票未支次日具禀申明蒙復批云各部諸公一月纔得部糧一石而諸生僭擬諸京秩亦可謂僭越之甚此季暫易部糧後決不爲例龍等傳

宣

勅諭辦譯番文亦乃

朝廷作養人員且叨翰林院屬下若甘食玄字厥糧則與吏胥同轍寒生固不足齒而於

衙門體面未必無傷也伏望

牒移文該　到倉存案譯字生應支地字
廒糧庶遵　定於永遠體統正於將來等
因呈
咨送院奉此擬　就行爲此合用手本前去
戶部陝西清吏司煩爲呈堂移文該倉仍照
舊永支地字廒糧施行須至手本者隨該
戶部陝西清吏司看得譯字生王子龍等
既已支過地字廒部糧五季一旦易之玄厫
在諸生似屬不甘以譯字諸生而食糧遠

同縉紳在該[illegible]名目爲僭越合無將龍等通

給又地字號[illegible]用法兩盡遵行亦可永久云云

萬曆三十六年[illegible]月初一日

芽茶折價

提督卿趙　爲芽茶折價事據譯字生王[illegible]龍等呈稱各生每日應支茶葉五錢近蒙光祿寺茶匱三年分毫未給呈乞查照案内折色事例芽茶逐一折給永爲定則此兩便之術也理合具呈等因到館據此查得館則内各生日給茶葉每名每日五錢原係本色今各生呈稱茶匱日久乞照案内事例一體折價委係兩便相應准擬

合就行爲此合用手本前去光祿寺煩爲

查照施行

萬曆三十四年十月　　日隨該光祿寺

送過茶價每名每日　茶[illegible]銀[illegible]

三分二厘

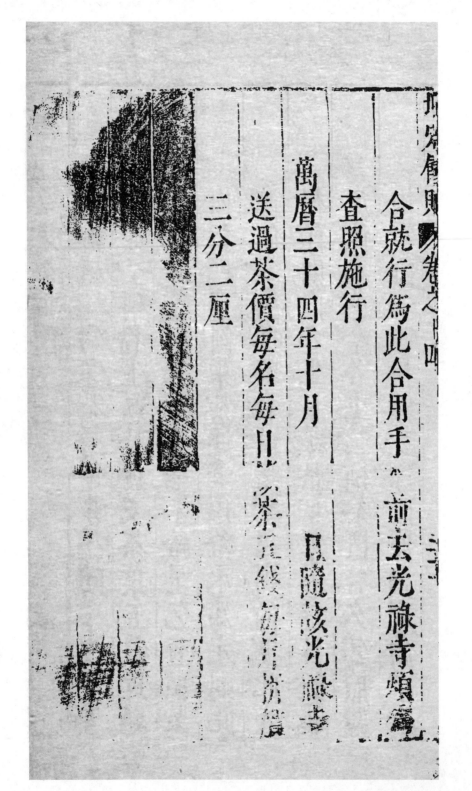

補給柴米

提督少卿洪　爲日給錢糧久缺不補事據

譯字官唐尚忠等呈稱本館官生日給錢

糧悉取給於光祿寺載在館則炳如日星

忠等於三十八年六月十五日蒙禮部會

同九卿

廷試取中於八月二十一日蒙吏部題覆授譯

字官二十五日奉

聖旨是每員應支月柴二百觔酒每日半瓶因候

堂臺日久於十一月委官廳方行移文過寺
開支三十九年二月初九日柴價過館止
給一月忠等辦事寒局所仰給者些須況
命下開支原屬典制且近年以來官生月糧茶葉
鹽醬等項多至一二年不給忠等若不稟
明恐百年舊例盡壞矣呈乞
堂臺移文并行催給實爲恩感等情到館據
此看得各官於三十八年八月二十五日
奉

欽依授官所有應得柴價酒米等項俱奉
明旨載在館則
命下開支爲始此百年舊例也似應照例補給又
據各官生鹽醬比照柴肉茶葉一體折價
似應俯准擬合就行爲此合用手本前去
光祿寺煩爲查照施行

增定館則 卷之十四 二十三

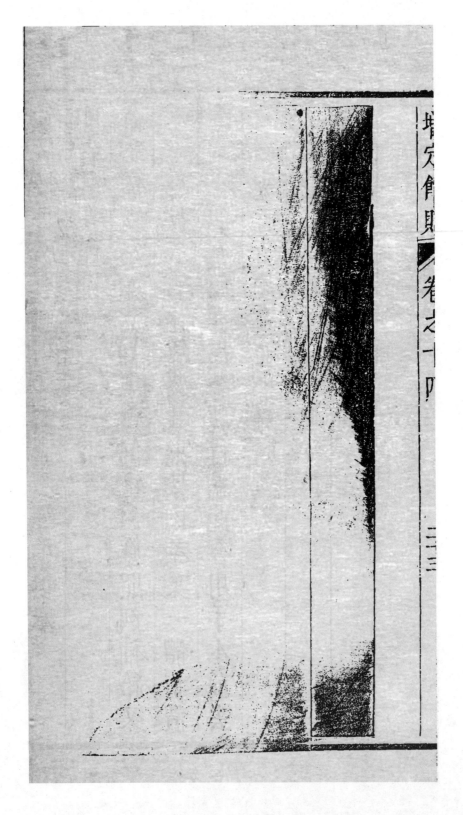

木炭折價

提督少卿洪　爲補支木炭錢糧事查得本館刊定館則每年冬月額該給炭一百五十包相沿已久自萬曆三十六年到今並未有炭到館合行補支再照本館領炭一次所費脚價稍覺煩瑣相應比照折價事例庶各館官生得霑實惠可無搬運之勞爲此合用手本前去

工部屯田清吏司煩查自三十六年起至三

十八年止照例折價以憑給散施行

萬曆三十九年六月　　日隨該工部臺

基廠送過三年炭價銀三十六兩九錢

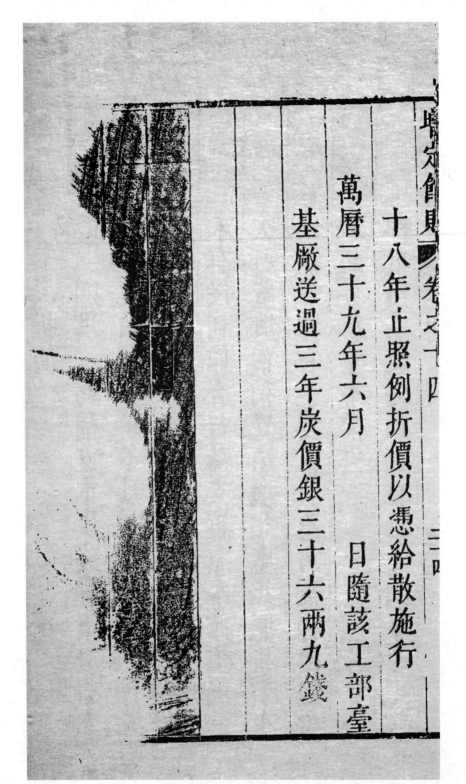

修理館舍

提督少卿趙　爲修理事據委官中書舍人
陸惟康呈稱韃靼等十館因去歲天雨連
緜館舍滲漏墻垣傾頹不便習業理合具
呈修理等因到館據此看得各館房屋墻
垣委因去歲大雨日久頹漏不堪急應修
理合行
貴司差人估勘修理擬合就行爲此合用手
本前去

工部營繕清吏司煩爲查照施行

萬曆三十三年五月差官修理

提督卿趙　爲修理事據委官中書舍人劉

登瀛稟稱韃靼等十館因今歲天雨連緜

館舍滲漏看得各館房屋墻垣頹漏不堪

急應修理合行　貴司差人估勘修理擬

合就行爲此合用手本前去

工部營繕清吏司煩爲查照施行

萬曆三十五年八月隨該工部給與本館銀

二百四十七兩自行修理

提督少卿洪　爲修理事據委官主簿成九皐禀稱韃靼等十館于今年六月十三四等日大雨如注日夜不止館舍滲漏墻垣傾頽難以棲身不便習業爲此理合具禀修理等因到館據此看得各館房屋墻垣委因連日大雨暴注頽漏不堪急應修理合行　貴司差人估勘修理擬合就行爲此合用手本前去

工部營繕清吏司煩爲查照施行

萬曆三十九年六月隨該工部給與本館銀二百兩修理倶用訖是役也先修十館頗稱堅固然無餘剩而大堂及火房倶未施工自是闕事嗣後修理只合先買磚瓦木植逐一查驗另貯應修之處然後興工庶錢糧易于稽查不至冐破是亦節省之一端也因併記此以竢後事者采焉

屬官給由

翰林院四彝館爲給由事據女直館署正劉
登瀛呈稱查勘過本館主簿樊于陛見年
三十五歲錦衣衛官籍直隸保定府深澤
縣人由譯字生於萬曆十八年十一月十
七日蒙吏部題奉
欽依陞授鴻臚寺序班次日到任扣至二十七年
九月十五日止九年考滿陞本寺主簿次
日到任至二十八年二月初八日丁母憂

扣至三十年五月初七日不計閏二十七
箇月服滿起復到部十月二十三日復除
前職今扣至三十九年三月初三日止通
前連閏實歷俸共一百零八箇月九年已
滿例應赴部給繇任內並無公私過名及
違碍等項情弊今將查勘過緣由理合呈
覆施行等因到館據此先據本官具呈前
事猶恐不的已經批行該館查勘去後今
據署正劉登瀛等不扶結狀呈送前來及

查正德九年十二月内該本館題爲嚴督
勸以圓成譯學事今後屬官考滿俱要提
督官考其勤惰有無稱職緣由開呈本院
以憑考覈案候在卷爲照女直館主簿樊
于陛操持有議譯業不荒平常似應暫停
例陞以示薄懲姑留在館以責後效俟過
三年再考果能惕厲自新方與照例陞級
庶官常益肅而各屬亦知儆省矣擬合就
行爲此今將查勘過緣由并填註考語理

合呈送施行須至呈者

萬曆四十年三月　日

優免商役

翰林院四彝館爲餬口流毒冠裳懇恩照例
優免商役以弘作養事據委官廳主簿田
即心呈稱韃靼等館十館譯字生韓永禎
等稱前事即批報商既經上疏則
中堂查免必須題
請酌之隨據委官廳查有八百館譯字生張應乾
髫年未冠妄報柴炭商役館則內一款譯
字生吳應登會報今役業蒙

中堂豁免今應乾委與例相合伏乞

俯賜轉呈

中堂題

請豁免施行等因到館據此看得譯字生韓永禎

等合詞陳乞誠欲以全諸生之體例亦所

以明衙門之職業也第事關奏

請跡涉商課豈本寺所敢任具呈伏惟

中堂裁奪施行

優免房號

翰林院四夷館爲比照優免房號事據回回館譯字官龔敏學呈稱於萬曆十三年閏九月十六日用價買到永清右衛舍人王鏜房一所門面四間坐落中城明照坊五鋪總甲王大用地方已經更名居住爲業不係重號所有房號見行認納切思學見在館辦事員數相應照例優免及查得本館嘉靖十七年女直等館譯字生鮑誼等

三十餘人散任五城先後俱蒙優免今斂
學與誼等事體相同伏乞俯賜移文照例
優免實爲恩便等因到館據此卷查本官
房號例應優免擬合就行爲此合用手本
轉達該城優免施行

翰林院四譯館爲公署傾圮不堪懇乞[illegible]
移文速催修理事據委官廳主簿李榮[illegible]
等呈稱本館大堂十署久未修理盡壞[illegible]
深業于前月初九日移文
工部估計修理令踰月未見回文而頹敗日
甚一月官無寧居士皆露坐何以肅官常
而便肄業乎據此蒙批估計該廳會同十
館各官估計一一開冊各項款目總估計
所銀四百七十九兩有餘開報呈堂蒙批

覽開冊內坍損廢壞之象不便觀聽然據
估工銀約四百七十九兩有奇得無太冒
況
工部此時錢糧匱乏豈可令一分一文耗之
漏卮乎且就中如不甚緊急者不妨姑且
放下仰委廳正副二官仍會同十館教師
嚴估適中寧減勿增寧[illegible][illegible]以憑親驗
奉此又會同十館官悉心籌算其間有可
已者即已當減者則減值此

督率買納之時務求仰副
至意庶公事可完而財用不致耗蠹矣等因到館
據此冊內開稱眼同嚴估約用銀三百五
十兩有奇本寺猶恐不的親到各坍損公
所並十館內並火房內外一一親驗果係
圮壞不堪觀瞻委官聽所估數目視原估
減去一百二十四兩僅以三百五十五兩
請似不爲多但就中尚有當緩當省者冒
益其數非三百金不可時已寒矣非卽且

與工不可相應移文爲此合用手本前去

工部營繕清吏司煩爲呈

堂或差人估計修理或照數解銀本寺稽覈

事完開冊回覆決不至有所冒破也查照

原文內事理速爲修理施行隨該工部移

文准與修理銀二百五十兩

崇禎二年九月十一日

增定館則卷之十五

天中呂維祺介孺編輯
臨川章光岳仲山
東楚解學龍言卿　仝訂

文史

條約類

翰林院爲嚴督勸以圖成譯學事該提督四彝館太常寺卿沈冬魁等呈前事照得四彝字學傳授有年徒相沿而不廣各館官

生勤惰不一雖備數而不精蓋不能嚴督勸之方故無以收作新之效自今若不立法督勸第恐玩愒因循終難振拔爲此今將督勸事宜開具呈乞施行等因看得四彝館屬官考滿及生徒考試委有因循怠弛之弊提督所呈深爲有見合行備帖該館以後各屬教師并已授職譯字官考滿須要先呈提督官考其勤惰開具有無稱職緣由到院以憑考覆其譯字官會考授

職譯字生會考食糧亦經提督官查筭在
館日期有無虛曠若三年之内無故曠過
三箇月之上巳食糧者住支未食糧者今
補足日期方許送考仍開具虛曠緣由以
憑蔄别須至帖者

正德十一年十月二十九日

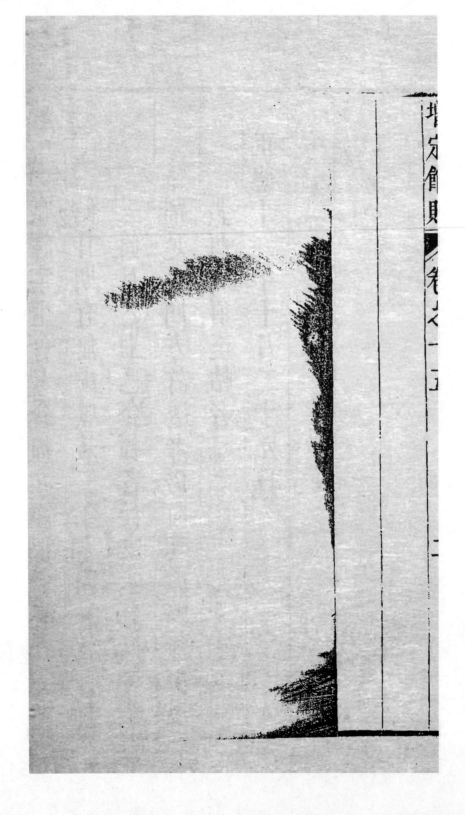

翰林院爲申明
聖諭查舉舊規以勵人心以便教習事該
內閣大學士李夏　批據提督四彝館太常寺少
卿王守呈竊惟
國家懷柔四彝因其言語文字不通建立四彝館
設提督太常卿少卿九館教師等官專一教
習譯字官監生子弟人等令其專工本等藝
業精通彝語諳曉番文以備任使其關係者
甚重選取之數稍食之制授官之期具有章

程節年欽奉
聖諭丁寧告戒昭如日星屢該提督官議立教規
嚴明詳切但法久人玩肆無忌憚罔知遵守
若不呈請申明嚴行戒諭職恐放縱日甚成
效難期上負
朝廷作養之恩卑職亦莫逃瘝曠之罪矣爲此職
督同韃靼等館教師署正等官馬廷禎等謹
會議酌處理合開坐具呈如蒙乞賜詳定准
行翰林院帖仰本館師生一體著實遵行庶

法有定守人知警畏矣

計開

一

聖諭一道職等謹議得該申明欽遵奉行

一本館舊規每日辰初譯字監生子弟赴各館受業提督官掣籤看課背書每月本館教師考一次別等第呈堂驗看提督官季考四次量行賞罰立案照驗職等謹議得該著實舉行

一本館舊規置曠業簿一扇每月終稽查譯
字監生子弟卯簿除五卯不到者量行責
治外如十五卯不到者將本生曠業月日
當堂公同九館教師附簿內一面具呈翰
林院及行文光祿寺將月糧飯米計日扣
除案候三年考食糧之日查筭習業不滿
三年者不許送考至六年考冠帶九年考
授職俱照前例查筭如有公私過犯及私
自逃回原籍者叅呈

內閣送法司問擬應得罪名完復館肄業仍照
前例附記曠業月日扣除月糧飯食案候
三年六年九年考選之時查算習學月日
不滿數者不准考職等謹議得該著實舉
行其曠業簿合呈翰林院請印鈐記發本
館執掌以防詐僞
一本館舊規會習舉業者非精通本等番譯
不准應試今監生子弟以習舉爲名不務
本等番譯職等謹議得若止習舉業監生

自該由國子監子弟自該由府州縣學應
舉緣何籍名本館月費官錢覬望兩途合
該每月習本等畨譯兼作舉業文字六篇
掣籤月考校驗一樣書課許其三六九日
赴館受業每月終通查三卯不到者量行
責治六卯不到者照例將曠業月日記簿
扣除月糧飯米案候三年六年九年考選
之時查筭習業月日不滿數者不准送考
具呈等因批准查照舊規遵行連送到院

看得夷語番文上國所以通知遠情必須
習學專工方得精曉諳練我
祖宗設置九館以待外番選立教師以授後學其
法至精且備奈何法立既久玩愒日生教
者視爲末務學者藉此出身放縱怠荒誠
有如提督少卿所呈者若不嚴行振飭馴
致譯業失傳關係匪輕事當豫慮合再申
明戒諭爲此帖仰本館着落官吏遵照帖
文內事理即便轉行九館教師務要常川

嚴督各該譯字監生人等一體著實遵行
敢有仍前故違恣驕者許即呈院以憑叅
送施行須至帖者
嘉靖十七年五月二十一日

提督少卿洪　爲嚴歲歲以儆頑惰事照[illegible]

館則内一欵本館官生勤惰相半有托病告

假而實無病者雖立法稍從裁抑而彼此倣

傚全不羞愧合無定爲歲歲之法中間[illegible]

給假者作不到日期扣筭開罪罰俸取自

上裁等因爲照諸生肄業每日辰入

國初設教甚嚴後改爲三六九入館亦云寛矣

諸生即奉行惟謹毫無怠期每月不踰九日

乃復偷安於家或蕩遊於外遇進館之期給

假者踵至借云實病尚可有辭若有虛詐者
雜于其間豈不孤
朝廷作養之意舊時月終通稽卯簿照曠懲治
後識季終查筭月日記簿候考選之日通呈
内閣作曠不准送考沿至近日稽考之法漸疎
而忨愒日甚一日若不振飭嚴加約束將來
譯學漸荒提督官與有責焉擬合申明歲終
之法本堂按簿而稽勤惰昭然在目除委實
眞病暫爾告假者免究外其有冥頑成性屢

戒不悛曠業日久者盡書於冊後遇考期查
算月日必須滿足方准送考再照教師官有
表率之責尤宜勤謹為諸生先查得先年
四閣題准四彝館教師務要用心教譯使各生
徒習有成效斯為稱職如或因循怠懶教譯
不精以致諸生輕視懶於進學有誤任使者
參奏治罪業奉
欽依載在館則合行一併申飭其不堪師表者定
以劣考議處本堂素性拘執決不虛示各宜

遵守毋忽

萬曆三十九年十二月　日

提督少卿熙張　為申嚴試規以維譯學事照
得
國家建置彝館設提督教師等官專一教習譯
字官生以工習彝言語文字為事者也故官
生隸館日有課月有試季有考三六九年給
由有考如
聖諭所載教條所陳犁然備矣顧不知始自何年
考試之法但行於序班以下而主簿以上不
行焉甚至各官給由亦祗謬為虛美漫不考

積弊也久矣夫人情以有警則惕否則怠術業以不輟故習否則荒即如百夷館主簿徐奎業已儼然署教之席矣乃試其譯文差謬殊甚及按其考案多居劣等然則各館官屬信多冒者假令有如奎之類濫廁其間承訛踵敝薦來必至譯業失傳任使罔稱豈但各官員

朝廷作養之恩提督官亦與有責焉相應通行申飭爲此牌仰該館官屬今後凡遇季考考

肅之期除

欽定教師免考外其自帖黍署教而下俱聽候與

各官生一體考試本寺親閱次其等第行賞

罰焉而教師賢否則視各官生術業生熟爲

差其有託病推故不與者輕則罰扣稍食重

則參呈究治恭本寺非樂爲苛細不憚煩也

不容坐視各官廢學曠業不一督責耳各宜

體亮遵守毋墜

萬曆二十一年九月初四日

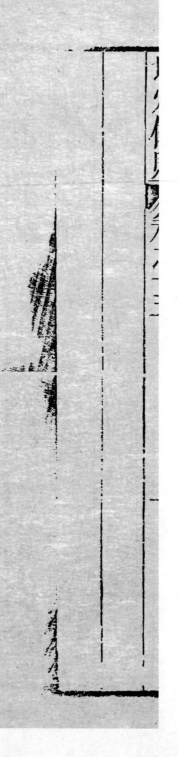

提督少卿洪　爲申飭教規事沓得本館各
生一授冠帶便傲然恥與諸生爲伍每遇升
堂不過作揖畫卯了事漫無課程可考即季
終館課呈送
内閣又於臨期片刻送閱教師官互相容隱全
不督率長傲曠業莫此爲甚豈但各官虛糜
廩食即教師亦爲虛設矣今後譯字官俱同
諸生一體日試再照各館官生日有餼月有
廩

國家養士最厚與其勤習本業乃邇來玩日愒
月托病請假紛紛不已甚至一季不到館者
有之虛糜素餐恬不知耻殊爲可厭除已往
不究外嗣後倘有仍前傲慢久不到館者重
則黜革輕則責治併將餼食月糧扣除發
廳收貯以充季考加賞豈云奪彼與此無
非奬勸戒惰各官生宜相規礪勉毋負
本寺督誨至意庶譯業益精他日可備任使
特示

增定館則　卷十五　十二

萬曆三十九年

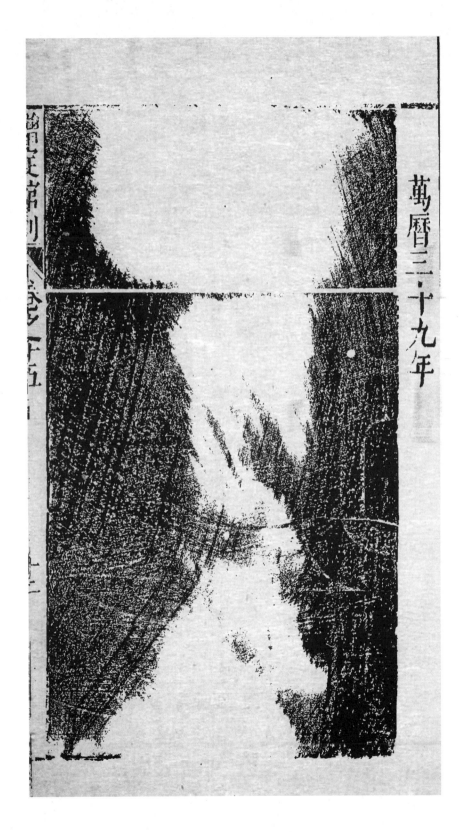

提督四譯館少卿王守爲教規事今將合行
條件開列於後示仰九館譯字監生子弟
著實遵行如有故違輕則戒飭重則參究
不貸

一節該欽奉
聖諭內事理欽遵奉行外其月考季考掣籤查卯
等項悉奉
內閣大學士李夏批呈舊規遵行
一諸生各宜遵承師訓循規蹈矩毋得傲慢

不恭有乖禮法

一諸生每日辰初入館受業升堂後廳掣籤看課背書候擊梆散館不許先出違者館長糾舉

一諸生當以孝悌忠信廉耻爲先毋得佚遊放縱博奕飲酒致虧行檢

一諸生正衣冠肅威儀不許褻衣小帽出入館門升堂不許穿鞋在館不許諠譁譚笑違者館長糾舉

一序立班次務要端肅整齊不許紊亂諠譁
違者館長糾舉

一每月給假不許重復如果疾病未痊及有
事故不得已者本館教師查實准給

一諸生在途遇九館師長必當端拱立俟其
過及遇公卿達官敬謹廻避毋得越禮衝
突

一九館諸生迺同門朋友務要道義相與德
業相勸過失相規謙恭和美毋因小忿以

傷友道

嘉靖十七年五月二十五日

提督四彝館少卿李開先爲查舉教規以稽勤惰以成譯學事照得本館教規備于

內閣批呈之所陳載詳于歷年提督之所舉行嚴明允當別難再議但各官生遵違不一有連月不到館者有托病逃回躲避考試者若不嚴加戒飭誠恐怠玩日甚一日譯效難成有孤

朝廷作養之意仰各該教師俱要嚴行教令正已
律人督率譯字官生將教規事宜逐一遵
守毋得虛應故事如有不遵行者定行叅
究每日諸生俱各早起赴館習業或掣籤
不到或背書生疎課做不備并執事誤者
除痛責外每月終通查卯簿如曠業日久
私自逃回各照教規事理懲治扣除飯食
月糧叅問作曠施行其原曠業鄭柴等又
與諸生不同須要愈加勤勵以葢前愆但

有些小違誤即日責治的不輕示

嘉靖十九年十月十二日

提督四彝館少卿郭鋆爲申嚴訓規以圖成

效事伏惟

國家設立館教以通番譯之學以謹夏彝之辨程

度森嚴廣大悉備但法廢于因循而人安

于玩愒若不巽申警守恐夙弊益滋後效

罔述除季考製籤閱課背書等項奉

內閣大學士李夏　批准教規俱有成憲遵行外

所有相承事宜亟加斟議申明開諭一體
祗循毋怠

計開

一九館教師

上所簡畀故德器俱屬雅重諸凡更須嚴加誨廸
以身先之庶相觀而善士有承式而本職
亦免督責之煩聒繼此士知嚮往卓有成
效夾持之功自不可泯而師範光矣

一人之氣質不大相遠貴在冲養俾德性用

事則自覺光大每閱諸生俱才識俊穎高

明可期第慮學廢于優游而習移于漸染

中間或倚其華胄貴閥而耻就約束或驕

其茂才殊質而日務支離禮敬或疎于師

而傲以自高猜忌或施諸友而氣不相下

有一于是皆爲粃行而品格卑矣茲方佩

服聖賢之訓行將各有官守根本節目之

大所宜究心焉者尚相與懋勗之

一　開館肄業係禮讓相先之地非特講明學

術亦以涵養德性凡遇升堂行立館長居前其餘各以齒叙挨次叙行叙立無得攙越倉皇嬉咲侮慢廢儀度閑雅觀瞻有肅古人謂即此是學又謂無往而不用敬是已

一學以適用當務為急攻之往昔專工一切番漢雜字而不及

詔勑來文恐殊非急務今後務將三者併行肄習如正月君

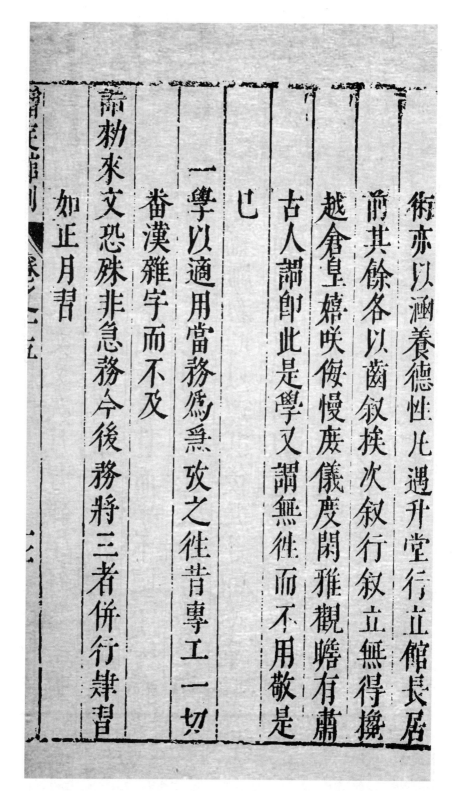

譯勑則次月習來文又次月習雜字每季一週

爲循環庶藴籍該括日計不足歲計有餘

久久浹洽文義通貫而學不墮于一偏矣

一諸生肄業已閱數歲且久踰考選之期元

宜益勵初心以淑其後凡赴館受業日必

俱到朋儕晤語務以道義砥劘毋爲狎邪

鄙褻之言庶日見長進有婚喪疾病等故

者准給假不能自爲者館長代給若公肆

抗違不行闕日及假托事故以偷安佚者

月三次不到者即行責治其曠業[illegible]

仍先扣除飯食月糧每季終查算[illegible]

簿候考選之日通呈

[illegible]隙作曠不准送考

一業精于勤荒于嬉維茲譯學重關彝情[illegible]

間辭有順逆意有向背事有可否苟非文

義諳曉安能處置得宜則夫預爲講習師

以是傳弟子以是學誠不可一日而稽延

者嗣後每月終繳日課簿有不足篇者則

諸生之廢業也查出計少篇數多寡責罰
每季終繳月考簿有缺考者則教師之廢
職也歲終逓呈
內閣裁治其有累考居下及月考累推故不與
者即係學無進益終難有成除責治外仍
照曠業例記簿以俟考選日酌議去留
一禮法者士之門也前創後承約之規矱限
游以息惰其是而率由耳今夫譯節族人
[illegible]業兼修弘聞識也[illegible]

明節制也入屏家僮嚴約束也升堂而去
鞋履肅威儀也散館而戒遊佚端習尚也
此皆禮法所在徃訓寔昭諸士恪遵哉
嘉靖二十一年四月二十三日

增定館則　卷之十五

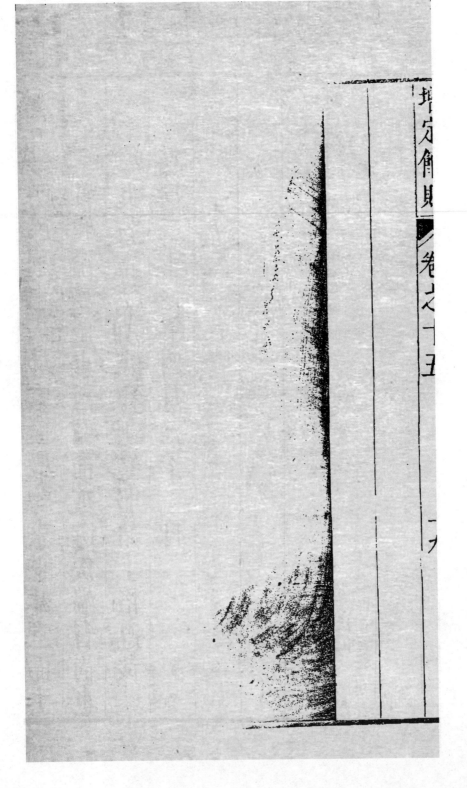

增定館則卷之十六

天中呂維祺介孺編輯
臨川章光岳仲山
東楚解學龍言卿　同訂

文史

檄示類　附呈詞

提督四彝館正堂呂示我輩做

國家事皆當視如家事有一毫不盡心即覺於心不安若吾盡吾心於事弗濟亦覺於心不安館

署傾圮前多傳舍視之
本堂移文工部估計修理天寒時迫不容更待
爲此仰督理工程各官知悉務要將委官王文
光等預借銀兩一面齊備物料限本月十九日
完定於念二日動工定限十月初二日落成各
照後開事務上緊料理管工程者須十分細心
務令整齊堅固燦然可觀置物料者須十分節
省無使分毫冒破更要物材如式不得以濫惡
充數督匠役者須十分上緊省試其工食逐日

藉口授食不得一槩盡給致日後借口不足懲
功未路事完之日勤慎者紀錄優異否則責有
所歸各盡心濟事勿忽即如
本堂按冊按工與各官匠工節節比勘商確移
日一木一瓦亦不輕費豈好為是操切只為
國家當此匱乏之秋雖錙銖亦當為
朝廷惜也特示

計開

大堂西火房委官李榮春

東火房委官王文光

垂花門大門二門委官穆世登

大堂兩廊並西番西天二館委官劉尚

貞姚鳳翔

韃靼館委官楊明書

回回館委官陸光先

高昌館委官李自華

暹羅館委官李　宜

女直館委官樊于陛

緬甸館委官丘應賢
百彝館委官季宗文
八百館委官陸光化
收放錢糧委官鞏爍
買辦物料委官王文光鞏爍
總催工程委官李榮春
查工副催委官李如梓
崇禎二年九月十七日
翰林院四彝館爲充補錢糧事照得本館官生

紙劄及一應禮儀等事咸取給於兩縣錢糧遞
來懸解後時公用往往不足委官未免稱貸坐
是累年借到許文俊銀一百三十兩有奇且自
天啟六年丘委官管理廳務以後本館爲許文
俊出利銀共二十七宗共一百零八兩八錢及
查兩縣錢糧回文簿籍丘委官漏開銀七十兩
徐委官漏開銀四十兩鑿鑿有據以致本館反
出利銀于人何無法紀至此今已屢次移文該
縣查出情由丘委官情愿充還許文俊本銀一

百三十兩其多利三十餘兩呈乞恩免又據許文俊領狀告稱本銀業經兌與丘委官償還并無別議各等情到館據此看得錢糧關係公用丘自漏開七十兩以致出利九十餘兩法應追出但念本官貧寒姑令兌還文俊舊逋一百三十兩餘三十金免追可也徐委官既已物故所侵銀四十兩并利銀二十餘兩姑免追許文俊逋年媒利已多况徐已故欠債何論今查所欠伊銀一百三十兩丘已一一陸續兌還又何求

焉各眼同李榮春穆世登等面質立劵允服無
異爲此出示曉諭并行立案備照以後不得冐
稱逋欠紛紛告擾也特示
崇禎三年正月初九日示
譯字生王子龍等
呈爲恭遇
徽詔千載奇逢比例乞恩量月日以溥
慶澤事龍等荷蒙作養三年始得食糧前次
皇元孫誕生

詔書內監儒以及吏胥人等悉從寬免而諸生獨
遺未免向隅茲者復值加上
聖母徽號頒詔在邇訪得太醫院醫士同係習學
人數一向遇有
恩詔未與其事昨乃援例具呈禮部亦免四個月
矣切照各生見屬
台臺較之醫士似爲差勝今曠典重疊反不得
霑被分毫恐非滂沛溥施之意也況前
皇元孫

詔書龍等曾効書寫微勞伏望
恩臺垂照醫士事例稍加優異減免月日深爲
恩便爲此具呈須至呈者
萬曆三十四年二月内
恩詔一欵四夷館譯字生亦優免四個月此後凡
遇
恩詔俱優免同前

增定館則卷之十七

天中呂維祺介孺編緝
臨川章光岳仲山
東楚解學龍言卿 同訂

文史

序類

訓士三箴序

昔
孔夫子論行云言忠信行篤敬呂子摘爲三箴歸

之於心旨哉乎其言之也世人慎言者慎於口而已是揚湯止沸之說也箝制不及忽流於不忠不信不自覺也其修行者亦修於身而已是風中掃葉之說也矜持稍踈忽流於不篤不敬不自覺也夫口與身皆心所貫而心爲宰忠信篤敬心之本體心得其職斯忠且信篤且敬矣何言行之有不慎不修亦何往不可行葢心之感通如是故心學不可不講

安邑曹于汴書

館則序

叙曰治以道維道以法顯法同品節乎道以甄治者今夫庶府錯峙職務互分小大相蒞統紀不紊法也亦道也而會通之迹固識者所不廢焉四彛館隷翰林而官督以太常舊設有卿少卿各一員嘉靖戊戌始裁正卿壬寅春余由諫垣謬總館事館之文献湮漫滋久法守寡稽道莫折衷諸所措布悉咨胥吏於戲夏禮無證周制不存古今之慨也廢鈌相沿奚緣攷信于是謀之館屬蒐輯緒遺

凡所當行與已行者彙以成帙繹摭畧備且併懿附載師資弗迷典箴懲慝足觀久遠茲館之實錄也而可廢乎顧道體之括無窮而損益弛張法固不可定執者則夫崇典飭行敦復古訓低昂乎法以闡道績治匡翼風教顯俟夫來者

嘉靖癸卯夏仲吉泫陽一泉郭鋆識

續增館則序

我

國家統一區夏海內外諸彝悉享悉臣懼其言語

文字不通無以周知達情于是設之館焉群[illegible]弟子於其中而譯其國字以宣通其意永樂初年爲館者八曰韃靼女直西番西天回回百夷高昌緬甸諸番文皆選國子監生習譯正德間增設八百館萬曆間增設暹羅館而並列爲十矣始改世業子弟習學規條漸以脩爲先是高平郭公總館事嘗彙輯館則一書首載

聖諭次及教條其他考授有相稍食有制纖細畢舉迄於今則之高平之用心斯亦勤矣隆萬以

來漫漶莫稽余承乏譯館比及三年諸生操成
牘以續刻請乃爲編次付之剞劂而復申告之
曰爾多士亦知爾職之所由昉乎乃周官象胥
之職掌蠻夷閩貊戎狄之國使傳王之言而諭
說焉即大行人所謂七歲屬象胥諭言語協辭
命是也其職亦匪輕矣夫前事不忘後事之師
故館之有則猶射之鵠陶之型而般倕之斧斤
也慎旃哉其毋越厥則其無庸余言贅矣抑余
重有感也在宋元豊之末高麗人屢入朝貢甚

時館待賜予之費[illegible]數而淮浙京東三路
築城造船建立亭館 所在騷然公私告病
朝廷無絲毫之益而外彝獲不貲之利蘇軾氏深
憂之會其國僧以[illegible]遺來狀貢獻金塔爲壽稱
國母之意軾以謂安待苟簡無禮是嘗我也今
管勾職員退還其狀 不以奏至今韙焉今
朝廷威德寔式靈之彝俯順服萬無嫚焉苟簡之
禮乃昔以高麗一國貢今且十其館十其國也
所費償亦不貲與然此豈肄業者所及哉夫世

治則通譯而文字爲政世不治則禦譯而介冑
爲政與其介冑之威敵也孰若文字之諭情爾
諸士亦毋忽是則而已
萬曆壬子孟夏吉新安洪文衡平仲甫識

增定館則叙

館則昉於郭一泉洪平仲兩先生余取而增定之將徒曰精而核簡而備爲有倫有要之信史已乎曰非也夫天下之日趨於便利委頓惟情面蹊徑之徇迄無畔岸者無則也孔氏傳曰惟若農夫之考田爲其疆畔畎壟然後功成故夫館不可以無則尤不可以不則則之令試按故實開卷讀之令如擷影覓夢將焉用則徃此署傳舍耳余獨濫竽二年於茲

天殆以此役畀余也余既爲之葺舍請饟糾曠裁冗錄才警玩復旁撫周咨九閱月始成帙而復商之章仲山解石帆兩年兒其爲卷二十一其爲綱若干目若干讀是則者其將以則則我乎其將以我則則乎

王言如絲其敢曰不尊不信信而有徵所損益可知也考授有紀典制有執故曰不愆不忘率由舊章而訓士如金之在鎔坊官如水之有岸屈指今昔如鑑之有妍媸有高山仰止之思矣夫

然後思後食之義制節用之經而以威儀定命誰謂禮果忠信之薄耶旁及雜識復臚文史於後若曰是得無惡其害已而去籍乎得無識大識小文獻不足乎夫雷霆輷磕或不聞七曜經天或不見豈惟耳目有聾瞽心亦有之乃或有不則其則或則而不可爲則是亦心之聾瞽也無惑乎畔岸日坼而便利情蹊之是憧憧也不則則者寧獨館不可不以則則者亦寧獨館在館言館是則也者其猶農夫之疆畔畎壟乎雖

然姬公重譯來王其作詩曰雨之施物以孳我
何意於彼爲而周官象胥掌蠻彝閩貉戎狄之
國使所以道其言達其志宣布其德威令流氛
匪茹披猖內地亡論上愧赤鳥郎象胥之職將
毋溺歟亦安取是則而斷斷如也余久素餐祿
祿若狙人之罔敢有越志今且一蕫而南曰命
討當而已矣故後之人覩是則者得無曰是
能其官而逃於史耶否耶
肯

崇禎三年歲次庚午夏四月穀旦

賜進士第

誥授階通議大夫奉

勅總督糧儲南京户部右侍郎兼都察院右僉都

御史前翰林院提督四彝館太常寺卿天中豫

石呂維祺書於雨亭軒

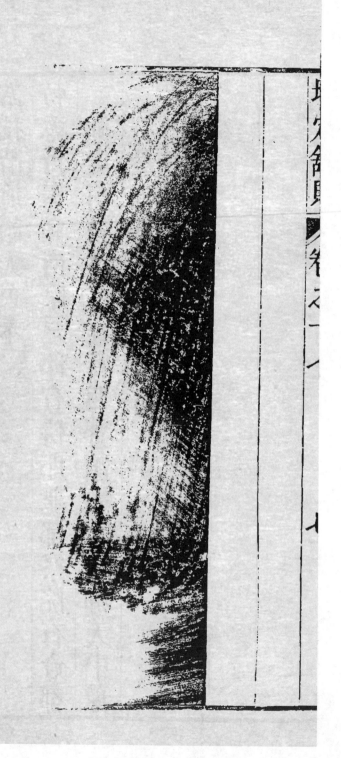

增定館則卷之十八

天中呂維祺介孺編輯
臨川章光岳仲山
東楚解學龍言卿　仝訂

文史

記類

翰林院四彝館重修記

四彝館在東安門衢之南創永樂甲辰規制儉隘歲久日圯官無寧居士無甯業當事者

每欲拓而新之然費廣力艱莫究厥圖嘉靖
歲壬寅余奉
命督事譯館顧之憮然時帑無遺財靡所于諆乃
樽約房稅及年例食鹽之羨易楮以貿工貸
物以備餼于是變脆增卑疏塞剜蝕委署丞
楊綬董之匪棘匪紓時嚴省試始事于秋八
月戊寅閱三月玫成輪奐孔飾等威式昭蔚
焉改觀過者肅若諸生顒顒禴禴振衣承響
鋆作而申儆之曰德弘于修功隳於玩爾諸

生上棟下宇居焉游焉其不遑于處惕哉亹
亹思以自砥乎今夫宣之容節率之典常齊
之讀法者館之教也因文諭義因義達情因
情協禮者士之術也崇志以審術則德日起
廣業以廸教則上日興斯不愧于士而居攸
寧矣苟挾智慧耽佚遊羣居嬉嬉淫度以逞
雖甍棟翬舉金碧侈文取諸外以遺乎內恐
非
國家儲才備用之意豈所望于爾諸生者亦不類

之闕也責也暢哉亹亹盡思所以自砥乎諸生再拜曰考室以專業敢誨以正經命之矣敢不祗以從事是役也榱拱之屬仍諸舊瓴甓礪鍜顔采槱堊數各以百計傭者十五人役六旬圬者四旬梓者繪事者三旬又七日

提督太常少卿晉泫郭鋆譔

館堂新皷記

譯館堂左偏設有鼓升堂假之鳴以爲節鼓一鳴諸生濟濟立館下聽教令都衙設鼓者

惟國子監京府學爲然蓋皆身教之地疑亦取鼓動振作之義也館堂鼓不知何年製歲久革敗而一面僅完然亦緩慢無力幾不克自振一日偕同寅萬君士鳴坐于堂聞其聲病而憐之乃召攻革者去舊啚新時正德丁丑春正月戊子也越翼日鼓成命館吏擊之有聲鍧然九館聞之皆躍然而喜惕然而作嗚呼物之成敗其亦有係于人哉嘗考之奏鼓簡簡鼓之用于宗廟也鼓聲咽咽鼓之用

於燕飲也塡然鼓之鼓之用於軍旅也是鼓也設於館堂淵然而靜不易鳴鳴亦不踰三聲用之甚簡而歲月可以悠遠計雖不得薦之淸廟以宣德音和上下而覩載之軍旅以行者其勞亦薄矣鼓哉鼓哉其[illegible][illegible][illegible]諸閒散之地哉

提督太常卿瀛[illegible][illegible]爲譔

翰林院四譯館題名記

賜進士出身通議大夫吏部左侍郎

國史副總裁弋陽汪俊譔

周官象胥掌蠻彝閩貉戎狄之國使曰寄曰象曰狄鞮曰譯皆是官也所以道其言達其志通其嗜欲我之宣威而布德彼之輸誠而納款修文以固華彝之交者莫有要于是矣

國朝奄有中夏而薄海內外罔不臣服殊方異域奉琛獻贄來享來王古所未通率比外服帝王所自立之中國蓋未有盛於今日者也四彝館隸翰林在東安門之大街南列館凡九曰女直曰回回曰韃靼曰西天曰西番曰高

昌曰百彛曰緬甸曰八百各立師授徒譯其國字葢古象胥之職也其選取之數稍食之制授官之期具有章程議者謂習字當兼其言又當兼業儒葢得其字而不得其言則所譯之文字或離其眞得其字與言而不知儒者之文義則所達之詔勅或失其指三者通則所謂傳王之言而諭說焉以和親之與夫協其禮與其辭言傳之者始皆有餘地矣舊郎其館師官望之最深者

總館事懼弗勝任弘治七年
内閣大臣建置太常寺卿少卿各一員爲提督
官重其職也今爲楊君子山張君季升二君
相與謀曰館之遷設官之建置歲月已漫無
可考吾輩更失今弗圖後嗣何觀爰樹石于
堂之左序而列任官之名氏凡若干人虛其
左俾後來者續書焉曰亦斯館他日故事也
乃來請記予謂二君知所重矣彼視官如傳
舍託信宿焉明發去而不顧於是乎何有二

君之拳拳如此其職有弗舉矣乎後來續書
者勿諉曰此非吾事則斯石不磷矣
嘉靖元年夏伍月望日立石

增定館則卷之十九

天台呂維祺介孺編次

臨川章光岳仲山

東楚解學龍言卿　同訂

文史

箴類

訓士三箴

言行總箴

忠官則思言行分職謂士樞機於斯樹極匪樞胡

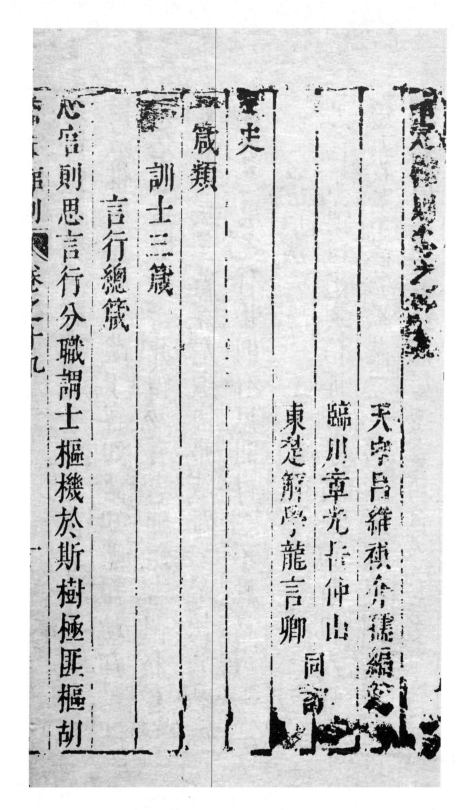

運匪機曷發戶弩猶然士軌迺識口則興戎動或
困石惟聖達時退藏于密知語知默知動知息其
次克己主敬宅一非禮勿言惠廸趨吉閑邪存誠
交象斯立言滿寡尤淑儀弗忒雖之彝狄弗易厥
貫思之思之有物則有思則得之不思曷得

忠信箴

忠言斯慎曰忠與信匪口是緘惟心斯印人心之
靈稟於至誠物欲蔽之斯僞叢生厥口則言厥心
弗然信既遠義爲諾屢遷言巧色令是名爲彼[illegible]

蓋世維昏存厥性厥性既非衆惡斯歸多言數窮
貪言貌肥我思動物寘在鼓舌所以至誠豚魚可
格此非襲取忠信是主易訓進德三復斯語

館敬箴

倘以思行蓋云篤敬篤敬維何至一而靜一則不
雜靜則不競天君守舍百司從令胡爲憧憧朋從
靡定以二以三乃縱乃橫浮薄長傲失其性命既
潰厥堤靡知所竟我思古人精義入神天之明命
汩物其身上帝臨女如見大賓靜一無欲乃敬乃

篤夫然後行百行維蔽是故君子必慎其獨
矣子論行曰言忠信行篤敬雖蠻貊之邦行
矣夫以象胥所不能馴重譯所不能通一言
一行足乎異類覺其故安在乃吾濟涉世爭
爭落豕蹶蹮擾擾機智情緣動生齟齬即同
氣尚鬩墻同室尚操戈何況蠻貊當熱鬧場
中冷然一思雨散山空作何結果乃有證旨
矣親以愚世曰如是行我計得矣嗟乎至誠
動鬼神可格豚魚雖愚夫猶欺易曰中孚豚魚

行有恒無物不恒又可行乎哉故曰立則見
其參於前在輿則見其倚於衡所謂則見者
豈僅恍惚影響是必有一段真工夫真体驗
真光景躍躍於心目者與想見之見不同願
學者々細思之也呂子題言忠信行篤敬六
字于堂遂作三箴葢以自朂兼朂多士若曰
爾多士思行蠻貊者以是象胥重譯已乎
昔
崇禎已巳十一月陽至日太常卿天中呂維祺介

孺甫識

增定館則卷之二十

沃中呂維祺介孺編輯
臨川章光岳仲山
東楚解學龍言卿 同訂

文史

詩類

館署齋省二　呂維祺　太常卿河南人

待漏羅衣怯曉寒建章朝罷出東安報衙潦倒重
封篆退食從容久素餐僻署青苔荒院落閒牕紅

日轉闌干比來憂旱傳修省
主上焦勞仰副難
叨點清班媿負時赤心無補自知之同寅僚友頻
尚附書邨諸生窘問奇拙幸可藏公事少憩仍不
及宦情凝只今寤寐求霖雨黽勉風雲有所思

十館師生較閱姓氏

韃靼館

教師主簿穆世登　劉尚貞　韓良儀

譯字官馬爾翥　劉啟澤

譯字生韓永禎　劉啟濬　劉天申

馬士秀　孫希賢　林大有

韓良謨　昌　德　林如梧

周　京　王三錫　劉惟懋

呂邦柱　韓永祥　楊時盛

回回館

教師主簿李如梓　李允登　龔允中

譯字生李國儒　李友松　李文煥

楊三極　邵緒美

西番館

教師主簿楊明書　唐尚賢　陸光先

陸光化

譯字官周元獻　支國本　袁澄

譯字生郝光徹　江承邦　唐虞恭

陸天錫　唐虞澤　朱鼎新

胡延齡　胡永祿　許光嗣

胡延亨　朱鼎臣　楊駿烈

汪成哲

高昌館

教師主簿李自華

譯字官周世達　王政新

譯字生王元捷　李思哲　李先春

劉騰芳　盛懋德　劉春藻

暹羅館

教師主簿李榮春　李宜

譯字官李蔚起　李正茂

譯字生鄭景伯　袁宗德　李天澤

王養民　馬爾翀　李正芳

李作衡　盧承立　李必選

李夢琦

女直館

教師署丞樊于陛　教師主簿楊德澤

教師主簿王文光　周世臣　姚鳳翔

教師序班吳振芳

譯字生周承湯　董兆昌　[illegible]董

馬天駿　王允中　楊得善

王應登　陳嘉謨　王來宣

王文焜　吳嗣良　沈庭夢

鄭世輝　周人瑞

百夷館

教師主簿季宗文

譯字生陳起蘊 徐元祉 李國棟

李成柱 高應選

緬甸館

教師主簿丘應賢 方大本

譯字生方學禮 吳文焍 吳永亂

沈祖德 吳文焜 吳彥章

許來朝

西天館

教師尚寶司卿鞏燦

譯字官王世焯　王世熿　楊四端

譯字生于弘德　張承祉　蔡永祚

王祖鉉　郭之翰　陳儒孟

郭彌貞　陳大忠　王世烺

八百館

教師署丞樊于陛

譯字官張始音

譯字生郭昌祚　張應乾　韋增

新增館則

八館師生較閲姓氏

囬囬館

教師序班邵繩武　李三台

譯字生任之尌　唐惟濬　馬逢春

王九經　邵振武　李應登

王命新

西番館

教師序班周元鼇　鄭惟琰

譯字生鄭芳時　袁應星　鄭　重
趙文煜　鄭發蒲　鄭　端
甯士釗　錢劻民

高昌館

教師序班徐沆瑜

典務廳教師序班茅秉章

譯字生茅秉憲　劉啓豫　宰弘澤
宰弘道　吳　振

暹羅館

教師序班李夔虞
序班李佳胤
譯字生王　堡　張永祚　高　[氵丙]
張永祿
緬甸館
教師序班吳嘉胤　許輯瑞
譯字生成應龍　林雨澤　周明哲
丘　清　林中翔　李　轍
靖　琦　喻人倫　吳宗顏

許大年　吳　恂　葵永茂

百譯館

教師序班錢光祚　張守恒

譯字生鄭芬時　吕增之　張四極

徐鳴珂　甯士鑛　馬　垣

鄭發源

西天館

教師序班張弘价

序班張弘仁

譯字生朱應昌　王永芳　王永蔭

王　會　張　銑　王永蕙

王祖訓　王雲龍　王　銓

朱照乘　方以知

八百館

教師序班郭毓祚

序班錢助家

譯字生章　銓　劉道謙　郭維藩

吳　昱　郭　璽

乾坤[illegible]　卷之二　八

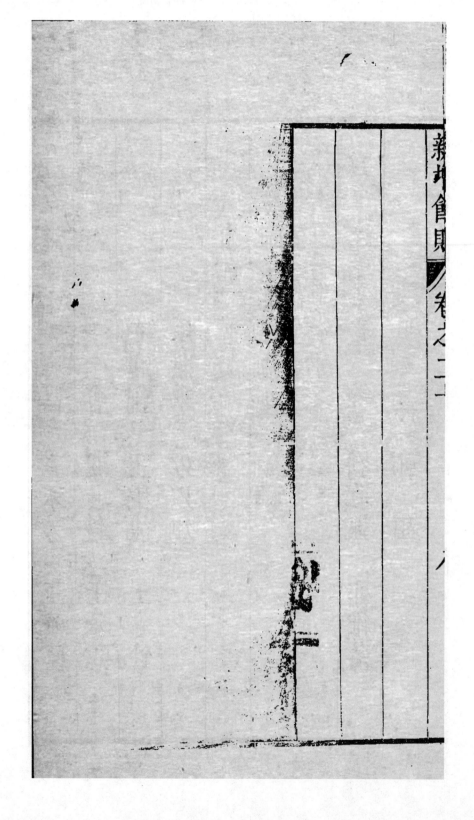

各館師生校閱姓氏補

暹羅館候補教師序班李　琳

回回館候補教師序班王之綸

本館繼業生

龔聯芳　邊之健　王犧文　甄世瑾

西番館繼業生

杜順春　馬　鑄　周汝楫　周　邑

高昌館繼業生

吳師尹　王國賓　茅友松

暹羅館繼業生
余司畧　李方燮　陳逵經
緬甸館繼業生
趙繼隆　王肄儒　張銓　林元庚
霍維采　霍維屏　孟希賢　鈕鴻備
徐克邁　楊貞亮
百譯館繼業生
馬廸　李雲龍　王之綱
西天館繼業生

陳起泰　朱明　周朝鳶　陳肇新

八百館繼業生

張顯宗　錢嘉善　南維垣　馮志文

甯文斌　周立功　何塤　羅禎

卷之二十

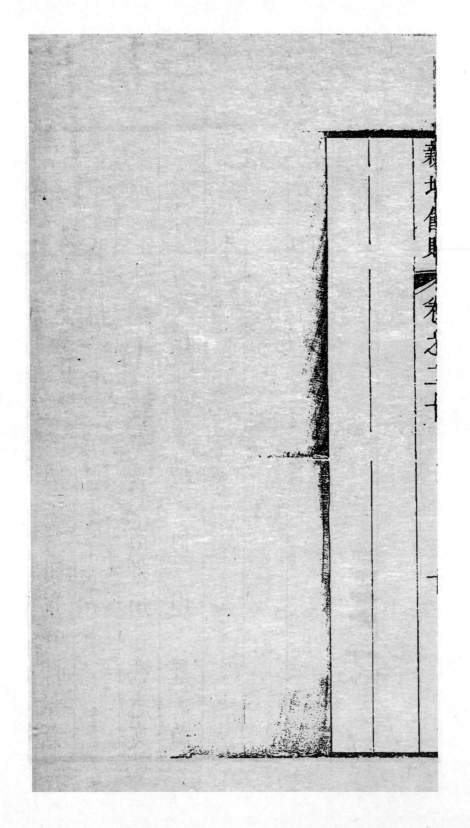

典務廳教師序班霍維翰

譯字生丘　清　李　轍　靖　琦

吳宗顏　蔡永茂　張文燦

百譯館

教師序班張四極　邢可式

譯字生呂增之　徐鳴珂　庚如京

劉興詩　王　銓

西天館

教師序班張弘价　王永蔭

譯字生王永芳　王會　王永蕙

王祖訓　朱照乘　王雲鷺

八百館

教師序班馮志達　李攀

譯字生吳昱　郭璽　張雲路

張宗儒　趙光普　方以知

新增館則

回回館

教師序班邵繩武　李三台

譯字生唐惟濬　馬逢春　王九經

王命新　蔡　銳　李思聖

西番館

教師序班鄭惟琰

譯字生袁應星　趙文煜　袁　明

陶昌齡

高昌館

教師序班徐沇瑜　宰弘道

譯字生宰弘澤　吳振　吳克讓

暹羅館

教師序班張永祿　張鑄

譯字生李懋　蔣于渭　陳峻

丘民成

緬甸館

教師序班吳嘉猷

跋

聖天子居中立極德教弘敷凡
畿甸要荒流沙海澨莫不睹雲
就日焉切指南之製厚往之經
皆所以柔遠人也第語言不同

文字各異而其間貢獻之辭須
寔而譯之者端於四譯館是賴
憶自設館以來咸藉
諸名卿大人督理之鴻訓大章
規條嚴肅幾詳且盡也故館則

一書最為典要惟歷年久遠殘
缺失次値
欽大人指俸鳩工彙而重鐫不
但為獎勵諸生肄業之規抑且
彰大一統車書之盛也韋備員

館來奉行惟兢恐久而滋湮事
隱人泯故綴序
本朝見行事宜及各官生職銜
姓氏備載入捧裝輯成襄顧諸
生仰體任事經理之心三復斯

編共相勗勉毋怠厥職云爾

康熙乙卯冬日

典務歷茅秉章仲質氏敬跋

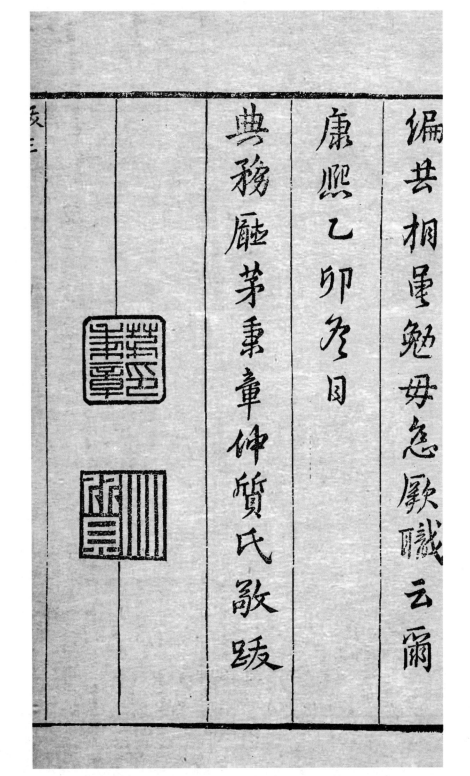

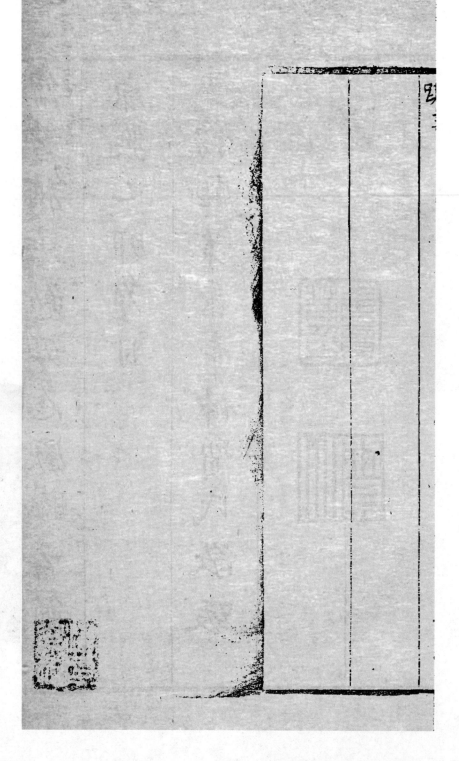